LIBERDADE e OUTROS TEMAS

RITA FOELKER (MÉDIUM)
E ARQUIMEDES (ESPÍRITO)

LIBERDADE e OUTROS TEMAS

BIBLIOTECA de FILOSOFIA e ESPIRITISMO

Biblioteca de Filosofia e Espiritismo

Coordenação
Rita Foelker

Capa
Fred Aguiar

Instituto Lachâtre
Caixa Postal 164 – CEP 12914-970
Bragança Paulista – SP
Telefone: 11 4063-5354
Site: www.lachatre.org.br
E-mail: editora@lachatre.org.br

2ª edição revista e ampliada – Setembro de 2012
1ª edição por Edições Gil – Outubro de 1998

Fotografias:
Capa e capítulo "Liberdade", por Shho;
capítulo "Amor", freepik.com,; capítulo "Filhos de Deus", por Camuna;
capítulo "Simplicidade", Jiri Hodan (publicdomainpictures.net);
Foto de Rita: Fernando Luis Fabris;
Retrato de Arquimedes (1620), por Domenico Fetti.

Impresso no Brasil
Presita en Brazilo

CIP-Brasil. Catalogação na fonte

Arquimedes (espírito).
Liberdade e outros temas / pelo espírito Arquimedes ; psicografado por Rita Foelker. Prefácio de Dora Incontri – Bragança Paulista, SP : Instituto Lachâtre, 2012.

104 p.

1.Espiritismo. 2.Filosofia Comtemporânea. I.Foelker, Rita. II.Incontri, Dora. III.Título. IV. Biblioteca de filosofia e espiritismo

CDD 133.9 CDU 133.7
190 140

Sumário

Prefácio

Rita Foelker é uma amiga de longa data e nossos caminhos se encontram em várias esquinas: a mediunidade, a filosofia, a educação, a poesia... Por isso, é uma alegria atender ao seu convite de prefaciar a reedição ampliada desse livro – cujo conteúdo eu havia já apreciado espontaneamente na edição anterior.

Para começar, discutamos um pouquinho sobre a possível identidade do autor espiritual da obra, para depois comentarmos sobre o conteúdo. Quando nos deparamos com um livro assinado por um Espírito, sobretudo se é um nome conhecido, é natural que nos perguntemos: será mesmo ele? Será mesmo Arquimedes quem ditou esses textos para Rita? Que elementos podem evidenciar isso?

Temos então que recorrer ao mestre Kardec, que foi o primeiro e, até agora, o mais eficaz pensador e pesquisador que propôs critérios racionais e seguros para o contato com o mundo espiritual e para a análise dos conteúdos que nos chegam de lá. Avisa ele que quanto mais distante no tempo e no espaço uma personalidade, mais difícil se faz achar evidências de que seja aquele nome mesmo que está assinando uma comunicação mediúnica. Quanto mais próximo de nós estiver o Espírito, quanto mais tenha convivido recentemente, em nosso meio, mais fácil identificar suas características, suas palavras, informações – porque há maneiras de checarmos se são verdadeiras. Há pessoas que conviveram com ele, que podem testemunhar se é assim mesmo que ele falaria, se esse ou aquele dado, se esse ou aquele detalhe do estilo, correspondem ao que sabemos sobre tal identidade.

Mas quanto a um Arquimedes, por exemplo... sabemos muito pouco sobre tal Espírito, porque sua vida transcorreu muitos séculos atrás e além disso, de lá para cá, ele terá mudado muito, evoluído, talvez reencarnado, aprendido outras culturas.

Por outro lado – e aí está outro aspecto importante da questão – avisa Kardec que não importa muito o nome que o Espírito assine. Importa o conteúdo, a mensagem. Se for digna do nome que aparece no final, então podemos presumir ou supor (sem nenhuma certeza, mas a certeza não é necessária) que se trata daquele Espírito, ou mesmo, um Espírito do seu grupo, que com ele se identifica. Isso pode nos parecer muito estranho, dado o personalismo que ainda nos toma, onde o nosso eu individual conta muitíssimo. Mas os Espíritos realmente elevados não estão preocupados com nomes, estão interessados na mensagem, na contribuição que possam dar.

Isto posto, analisemos se essas mensagens aqui publicadas seriam dignas de um Arquimedes! Então, é o próprio Kardec que nos fornece outros critérios para identificação do que é realmente elevado e bom. Os textos aqui oferecidos, por esse Espírito que se assina como Arquimedes, apresentam uma linguagem límpida, precisa, mas sem banalidade. As reflexões são profundas, mas sem rebuscamento e enfeites desnecessários (e muitas vezes bregas). Kardec justamente nos alerta que quanto mais elevada uma alma, melhor e mais claramente, ela sabe se comunicar: sem torneios inúteis, sem ambiguidades obscuras, sem um estilo bordado de expressões difíceis. Mais uma vez, o que importa é a mensagem: cristalina, luminosa, que vai direto à mente e ao coração. É exatamente o que vemos nos textos de Arquimedes.

É um livro que sabe equilibrar a profundidade de pensamento, a beleza do estilo, com a simplicidade da comunicação, com a fluidez das palavras bem postas, bem articuladas, de modo que a mensagem cai como um refrigério para o leitor, como uma diretriz sólida, mas sem imposições dogmáticas. A forma de diálogo e discussão, que é a forma socrática de filosofar, depois adotada por Kardec em O livro dos espíritos, não permite um fechamento amarrado das questões discutidas, mas abre perspectivas para continuarmos nossas reflexões a partir do que foi ventilado. Eis a maneira pedagógica de tratar os problemas, propiciando a todos um debate vivo que continua sempre.

Vê-se na boca de Arquimedes a palavra amorosa de um mestre, ciente do que sabe, mas respeitador dos interlocutores, construindo ideias na interação, como fez Sócrates, como fazem os verdadeiros educadores.

Um livro muito oportuno para estudos, meditações, para uma leitura continuada e atenta.

Um verdadeiro alívio num mercado editorial tão poluído de livrinhos de conteúdo ralo, linguagem mal posta – por falta de estilo ou por excesso de rebuscamento – e mensagens incertas, que afinal nada dizem.

Esse livro diz algo e é muito significativo que seu título enfoque um dos temas que traz, dando-lhe destaque: a liberdade, dom imperecível do Espírito, com a qual podemos tecer nossos destinos e alcançar a perfeição. É para isso que esse livro contribui, como um fio a mais na tessitura de nossas virtudes e de nossa ascensão!

Obrigada, Arquimedes!

Dora Incontri
Setembro de 2012

Como Começamos

É para falar de um educador, que este livro nos traz Arquimedes. Não, não vamos agora falar tanto do inventor, embora seja impossível educar sem ser inventivo, porém, na relação que faz desabrochar o conhecimento, que faz surgirem significados e se relacionarem os conteúdos.

Os temas desta obra, extremamente bem escolhidos pelo autor espiritual, já tão palpitantes em si próprios, adquirem, na sua hábil condução dos diálogos, clareza e profundidade em ideias que transcendem as páginas do livro na busca da troca com o leitor, propiciando a continuidade dos raciocínios e o surgimento de mais conclusões e novas indagações, um dos melhores caminhos de aprendizagem que a humanidade já deslindou, desde Sócrates com sua maiêutica.

É muito fácil apaixonar-se por Arquimedes, por sua personalidade vibrante, sua inteligência iluminada e sua simplicidade incomparável. Comecei a biografá-lo alguns anos atrás, quando trabalhei num projeto de contar a vida de cientistas que contribuíram efetivamente para a visão de mundo que hoje temos. Comecei com Galileu[1], preparei originais sobre Copérnico, Newton e Arquimedes e reuni material sobre Darwin, Edison e Einstein.

Esse trabalho, suspenso posteriormente por motivos alheios à minha vontade, voltou a ser objeto de minhas considerações quando o Arquimedes Espírito, contemporâneo, entrou em minha vida, pedindo que retomasse o trabalho de escrever sobre ele.

---

1 O livro se chama *Era uma vez Galileu Galilei* e é editado pela Callis Editora.

O convite foi aceito no mesmo instante, apesar de não ter ideia de como faríamos, decidi dizer 'sim' e aguardar a orientação dos Espíritos.

Voltei a ler sobre ele mas, a partir de então, as leituras ganharam um outro sabor. Eu lia e via, estava lá com ele, na movimentação de Alexandria ou na reclusão ao seu estúdio, durante a velhice. Compartilhava do seu entusiasmo pela descoberta das relações geométricas, o prazer de raciocinar sobre números incrivelmente grandes, de provar à exaustão a precisão de seus teoremas.

Um dia, diante da tela do computador, senti-me transportada para outro lugar, uma praia, entre centenas de jovens reunidos, entre os quais Arquimedes caminhava e dialogava, perguntava, instigava... e ensinava como quem respira, de um jeito tão natural e simples, filosofando como um artesão em pleno domínio de seu ofício, a extrair peças preciosas do barro tosco de nossas perguntas.

A bondade de Deus nos aproximou, e tudo que desejo neste momento é ser uma intérprete fiel, médium suficientemente precisa, para que nada fique sem se falar. Que eu possa receber ajuda a fim de desempenhar minha função da melhor maneira possível.

Sobre Arquimedes

Quanto mais antiga uma história, mais os fatos se misturam às lendas. A vida do Arquimedes conhecido na história da Terra é assim, cheia de acontecimentos interessantes, alguns deles, difíceis mesmo de se acreditar, relativos ao seu papel na defesa de Siracusa contra ataques romanos, durante a Segunda Guerra Púnica.

Mas um fato sobre o qual a maioria concorda é que Arquimedes nasceu em 287 a.C. na cidade de Siracusa que, à época, pertencia à Grécia e que, hoje, faz parte da Itália.

Seu pai chamava-se Fídias e era astrônomo. Como as mulheres não eram muito importantes na sociedade da época, ninguém parece ter se lembrado de anotar informações sobre sua mãe.

Quando ainda era muito jovem, seu pai o levou para ser educado em Alexandria, no Egito. Alexandria era a capital do saber no mundo antigo, e o Museu era o seu cérebro, a primeira organização do mundo totalmente dedicada à pesquisa e a todas as formas de conhecimento. Além da Biblioteca, tinha-se à disposição um observatório, um jardim zoológico e um jardim botânico.

Durante aquele período, Arquimedes teve oportunidade de conviver com algumas das mais brilhantes inteligências de seu tempo.

Quando retornou a Siracusa, ele já era um homem feito. Por ter laços de parentesco com o rei Híeron II, prestou-lhe serviços em várias ocasiões, se bem que jamais tenha tido um cargo público e passasse a maior parte do tempo estudando.

Escreveu muitos tratados de geometria, tendo o cuidado de provar tudo o que dizia, o que é uma atitude comum entre os cientistas da atualidade, mas não naquele tempo. Recentemente foi descoberto um palimpsesto (pergaminho cujo conteúdo foi apagado para ser reaproveitado) que continha uma obra sua ainda desconhecida, publicada no Brasil com o título de Códex Arquimedes. Sob um desgastado, chamuscado, mofado e manchado livro de orações medieval, havia um dos maiores tesouros científicos de todos os tempos2.

Galileu, Kepler, Pascal, Torricelli e Newton eram leitores interessadíssimos de suas obras (bem, pelo menos da parte que não foi destruída, já que a primeira edição impressa do seu trabalho só foi publicada em 1544 na Basileia, ou seja, 1756 anos depois de sua morte).

Mas, se sua fama chegou aos séculos XVI e XVII, não foi tanto pela sua fantástica competência como matemático. Foi principalmente pelas suas invenções, como as polias compostas e a alavanca, que servem para reduzir o esforço necessário à movimentação de grandes objetos, e o Parafuso de Arquimedes, usado para irrigação de terrenos elevados.

A respeito das alavancas, Arquimedes teria dito:

— Deem-me um ponto de apoio e eu levantarei o mundo!

Uma coisa interessante a respeito de Arquimedes é que tudo que ele fez parece tão moderno hoje como quando foi criado, como o seu método para determinar o centro de gravidade de figuras planas e sólidos, largamente usado em engenharia e arquitetura.

Arquimedes teve uma participação decisiva na resistência da Siracusa às invasões romanas, durante a Segunda Guerra Púnica entre Roma e Cartago, em que vários de seus inventos foram utilizados na defesa da cidade.

Em 212 a.C., porém, durante uma festividade religiosa, um descuido da vigilância tornou possível aos romanos apoderarem-se de Siracusa.

Nesse dia, Arquimedes, com setenta e cinco anos completos divagava, traçando figuras geométricas na areia de seu terraço. Sem imaginar que se tratasse de um soldado romano, ele pediu:

— Por favor, não pise nos desenhos.

Inexplicavelmente, o soldado desembainhou a espada e feriu-o mortalmente, num só golpe.

---

2 O livro, de autoria de Reviel Netz, é editado no Brasil pela Editora Record.

Arquimedes ofereceu muitas contribuições originais à geometria, partindo de seu trabalho com figuras planas, volumes e superfícies curvas. Seus métodos anteciparam em dois mil anos o cálculo integral, "inventado" por Newton e Leibniz. Também ficou conhecido por sua aproximação do valor de 'pi', entre 310/71 e 31/7.

Coragem

Primeiras palavras de Arquimedes

Voar, viajar, mergulhar.

Experiências que fascinam todos os seres humanos.

Fascinam, pois são ações que não podem ser levadas a efeito a menos que nelas nos coloquemos por inteiro.

Não se pode voar parcialmente, pela metade.

Uma parte de nós não pode voar enquanto outra se demora no solo.

Não existe voo sem entrega plena ao ato de voar.

Portanto, voar é um ato de coragem, assim como mergulhar.

Não existe mergulho, se permanecemos ajoelhados à margem, com a cabeça debaixo d'água.

Mergulhar é transportar-se para um novo meio, pesquisar o desconhecido, deixar para trás a suposta segurança das margens.

E viajar é transportar-se a desconhecidas paragens, colocar os pés na estrada. Deixar sua casa, sua cidade, seus conhecidos e preparar-se para o novo.

Nossa grande viagem foi seguir para a Terra, começar uma vida, travar relações com os seres que vamos encontrando. Somos viajantes por natureza.

Mas quando aportamos na margem segura do outro extremo da viagem da encarnação, quando recebemos um corpo físico, um temor nos assalta. Grandes perspectivas nos assustam. Grandes atitudes nos intimidam.

Cuidar das necessidades (reais e fictícias) desse corpo consome quase todo o nosso dia.

Tentamos resguardar a pessoa que somos: nome, aparência, posição, ideias de garantias de estabilidade, planos de aposentadoria. Pensamos viver uma vida normal, quando o normal para o espírito é ser ilimitado, inominado, flexível e seguro.

Vivemos parcialmente. Entregamos fragmentos de nós à vida. Um pé à frente, um pé atrás. Um pouco de confiança e um pouco de descrença. Um pouco vamos, um pouco ficamos.

E somos tão engenhosamente envolvidos por essa teia, que as razões fundamentais de estarmos vivos se perdem. Escolhemos outras prioridades com a plena convicção de que é o melhor para nós. Escolhemos poder no lugar de amizade. Escolhemos dinheiro no lugar de afeição; sem perceber que trocamos o infinitamente grande pelo muito pequeno. Pelo insuficiente. Temos corações e mentes famintas, e não sabemos mais o que fazer...

Escolhemos uma pequena vida de pequenos confortos, onde tentamos nos sentir grandes, porque nossa alma se recusa ao conformismo, mas frequentemente nos equivocamos ao pensar que ser grande é ser o maior dentre o rol de nossos conhecidos.

As almas, porém, já são grandes pelo simples fato de virem de Deus.

Voar, mergulhar, viajar é o seu destino. Voar, quando clamam pela imensidão; mergulhar, quando carecem de profundidade; viajar, quando buscam experiências. E fazê-lo sem temor, que não combina com a sua grandeza e nem se justifica, pois Deus, o mais amoroso e cuidadoso de todos os pais, é o seu Pai.

Qual é a sua viagem? Declarar seu amor? Cantar a mais alta nota da canção? Escrever o livro de sua vida? Aceitar ajuda... ou pedir ajuda? Dizer o que pensa... ou crer nas próprias ideias? Abraçar... ou deixar-se abraçar? Perdoar... ou pedir perdão? Ser "alguém na vida" ou ser quem você é?

Qual é o seu grande mergulho? E o seu mais alto voo?

Justiça

— Não me parece racionalmente aceitável uma doutrina que prega o perdão das ofensas. Não temos, então, o dever de educar nosso agressor nos princípios da justiça, uma vez que já os temos definidos em nossos raciocínios?

— Posso compreender de onde procede sua dúvida. Também eu vivi a ilusão de resolver todas as situações utilizando a mente racional. Contudo, meu caro Crítias, não se pode aplicar a justiça como se fosse uma fórmula matemática. A matemática é sublime, perfeita no seu campo, porém limitada em nossa compreensão, ao mundo físico-químico, e é preciso entender que, nos planos do espírito, outras são as leis que vigoram.Você diz que tem definida a justiça. E o que é, para Crítias, a justiça?

— Dar a cada um segundo o seu merecimento.

— Bravo, Crítias! Crítias nos oferece uma definição bastante avançada de justiça, o que prova que terá refletido sobre o assunto, antes de propô-lo ao debate. No entanto, Crítias, você pode nos dizer o critério lógico em que se basearia a distribuição dessa justiça? Sim, porque — vejam — tudo que é racional há de ter uma base lógica, e se esta lógica repousa num raciocínio, que raciocínio utilizaríamos para colocar em prática a justiça?

— Deveríamos analisar, caso a caso, os fatos.

— Obrigado, meu caro Demétrio. Então quer dizer que a ação da justiça varia de caso a caso, dependendo... Dependendo de quê?

— Dependendo das circunstâncias, professor.

— Sim, Gaia, mas, vamos mais fundo. Circunstâncias é um termo bastante abrangente e, também, vago. Arquimedes gosta de precisão. Como poderíamos... classificar essas circunstâncias?

— Os meios usados. As palavras ou a força física. As mãos limpas ou uma arma. A ofensa ou a calúnia. — arriscou Crítias.

— Os meios... O que mais, alunos?

— Os motivos. A relação entre a importância dos motivos e a ação praticada.

— Então, Arquimedes pergunta: quais motivos seriam importantes?

— A defesa da própria vida.

— Sim. Para alguns homens, compreende-se que a defesa da vida é importantíssima. No entanto, temos visto homens que dão menos valor a própria vida que a algumas moedas. Que aceitam trabalhos perigosíssimos em troco de um prato de caldo ralo. Há homens que perderam tanto a vontade de viver, destruindo seus organismos nos vícios e abusos de toda sorte, que sua vida parece não lhes importar. E há homens para quem há outros valores mais importantes, como a luta pela verdade, a defesa de uma convicção, como o nosso pai Sócrates. Então, não haverá homens para quem a verdade valha mais que a vida? E, noutra situação, um homem que se arrisca para salvar outro demonstra que o seu afeto lhe é mais caro que a própria vida.

— Que devemos concluir, professor? — indagou Demétrio.

— Que cada pessoa, dentro de certos limites, atribui valores diferentes às coisas e aos sentimentos, não obstante os valores imutáveis da existência, representados pelas leis de Deus, mas de que os seres humanos se acham tão distantes. Que, em nosso meio, os valores são mutáveis, porque se transformam no íntimo dos seres, à medida que evoluem. E que se nossos valores variam, não pode nossa justiça ser perfeita. Só o Criador, detentor dos valores eternos, pode aplicar a verdadeira justiça.

— E os seres humanos, professor?

— Sim, Gaia: o que resta aos seres humanos fazer?

— Não compreendo, professor. Que havemos de fazer?

— Vejam que nossas ações, nesta e na outra vida, são manifestações do que somos. A cada momento, estamos oferecendo ao mundo a expressão de nossas conquistas evolutivas. Assim, com o sábio; assim, com o assassino. O escritor expressa a evolução alcançada em seu escrito, assim como a mãe perante o filho, e o trabalhador em seu trabalho. E se nos encontramos num meio onde os mais diversos níveis da escala evolutiva coexistem, devemos aceitar que esta é a realidade em que nos é dado permanecer. Ou iremos admitir que Deus nos deixa em local que não nos é adequado?

— Deus não se engana.

— Então, Deus nos dá a oportunidade de manifestar o que somos no meio em que nos encontramos, assim como ao violento, ao déspota, ao corrupto, ao santo e ao benfeitor. E não nos compete julgar a vontade de Deus. Se eu digo que o violento e o déspota não devem dividir o espaço do mundo comigo, estou questionando a vontade de Deus. Aceitar a vontade de Deus é compreender que cada ser está sendo o que lhe é possível ser, e confiar na supremacia de Sua justiça, acima dos valores humanos. E como expressamos esta aceitação, diante daquele que consideramos em falta?

— Quando perdoamos? — Perguntou Gaia, timidamente.

— Sim, muito bem! Agora, vejam: o perdão não significa que ignoramos o que ocorreu. Não, não somos cegos. O perdão significa que, o que quer que tenha ocorrido, não nos torna menos irmãos em humanidade. E que, na prática, não diremos nem faremos nada contra essa pessoa.

— Mas, se isso for usado no meio social, teremos a subversão total da ordem!

— Compreenda, Crítias, que as leis são a disciplina da sociedade, não o seu poder de vingança. As leis não são contra alguém. E quanto mais as leis se tornarem educativas e menos punitivas, será um indício do progresso das relações sociais. E que os homens jamais encontrem, na lei, respaldo aos seus anseios de vingança, porque onde há prevalência de bons sentimentos, até as piores leis serão melhor aplicadas.

Liberdade

—Professor, nossos estudos e discussões têm me conduzido a refletir muito sobre minha própria vida...

— Outro não tem sido nosso objetivo, doce Gaia, e seria desconcertante descobrir que nossos diálogos não ultrapassam os limites da retórica razoável. Muitos homens se comprazem nos malabarismos intelectuais, em apenas jogar com as palavras. Mas aqui, desejamos vozes, mais que palavras, vozes que ardem, vozes que queimam, vozes que despertam as almas para sua verdadeira grandeza e potencialidades. A expressão de sua voz, neste momento, muito me felicita.

— No entanto, professor, aprofundar-me no estudo e na reflexão gera mais dúvidas e questionamentos. Isto nunca termina?...

— Quando terminar o homem de progredir, o que é uma hipóstase além de nossas concepções, poderá talvez eximir-se de aprender. Por hora, e durante muitos milênios, estaremos ainda entre questões e buscas que levam a mais questões que nos impulsionam a buscas... Qual é sua busca presente, Gaia?

— Professor, sinceramente, estou em dúvida sobre um caminho a seguir. Tenho estado aqui e compreendido, dentro de minhas possibilidades intelectuais e afetivas, a excelência das leis de Deus no governo e preservação da ordem do Universo. No entanto, cresce em mim a ânsia da liberdade que provém, acredito, da descoberta de minha própria capacidade de levantar hipóteses e comprová-las, fazer experiências a nível pessoal e crescer com elas, aprender direto da fonte da Natureza sem intermediários. Nossos diálogos escancaram-me a compreensão de tudo que me cerca e, assim, sinto vontade de ser livre, de viver em estado de liberdade. Não compreendo, contudo, como poderei ser livre e, ao mesmo tempo, seguir as leis de Deus. Obrigar-me a seguir um código qualquer, mesmo que seja divino, parece-me um cerceamento da liberdade. E, no presente, não sei dizer se quero ser livre ou seguir essas leis...

— Gostaria de trazer essa questão para nosso grupo? Quer saber o que os demais pensam sobre ela?

— Sim. Não vejo objeção alguma. Aliás, espero que outras ideias possam vir em meu socorro, na solução deste problema.

— Minha querida, você não precisa de socorro, porque ter um desafio a enfrentar não é fraqueza. Se Deus não coloca fardos pesados em ombros frágeis, e se lhe oferece, neste momento, um desafio, é por considerá-la com forças para enfrentá-lo. O que você precisa, agora, é entender melhor a essência de sua dificuldade. Liberdade. Você quer ser livre. E quando é que somos seres livres?

Respondeu Demétrio, convicto:

— Quando fazemos tudo o que queremos.

— Esta poderia ser a definição de liberdade de um eremita: fazer tudo o que quer. Porque onde há uma vontade, pode-se fazer tudo, mas onde duas vontades coexistem, é preciso que haja acordos. No entanto, seria o eremita um bom exemplo de espírito na experiência?

— Acredito — considerou Crítias — que um eremita não pode desenvolver uma série de virtudes que só têm sentido na convivência com outros seres. Estar só é uma opção, no entanto, acho que sua evolução estacionaria no que diz respeito aos valores humanos mais fundamentais, como o respeito, a fraternidade e a caridade.

— Falemos então da liberdade que possa conviver com o progresso, já que a liberdade do eremita poderia ser a negação do progresso em diversos aspectos. Ou algum dos presentes prefere ser livre e deixar de progredir?...

Diante do silêncio reinante, Arquimedes prosseguiu.

— Querem ser livres. Querem sentir-se sem limites. Ora: o progresso é sem limites! Dentro das leis de Deus, então, você tem a liberdade de caminhar sem limites para o seu melhor.

— Mas, neste caso, o sentido da trajetória está definido — objetou Gaia.

— Está definido por Deus, pensando na sua felicidade. Ou você gostaria de escolher seguir para o seu pior? A Natureza lhe deu o impulso da procura do melhor, e na satisfação deste impulso encontrará a realização. Contudo, Deus lhe dá infinitas opções de procurar o melhor... não é isto liberdade?

— Eu ainda não consigo entender como se pode seguir uma lei e ser livre...

— Porque a lei é ser livre, menina! Veja, ouça! Existe alguma atitude coercitiva, impeditiva, punitiva, em Deus? Será que Deus está condicionando as suas decisões, será que Ele aparece de tempo em tempo para dizer : "Faça assim... Vá por ali...?!" Você é livre, porque sem liberdade não existe crescimento real possível, existe só tutela, que é o que os pais têm em relação aos filhos pequeninos e, no Cosmos, vige para os seres irracionais. Mas Deus quer que você cresça, e só diz: "Vá!"

— E se eu quiser tentar outras coisas? Contrárias ao amor, à justiça e à caridade, por exemplo.

— Você pode. No entanto, dentro deste Universo criado por Deus, dentro desta ordem estabelecida de maneira perfeitíssima, não encontrará aí verdadeira satisfação porque você também é Criação de Deus e está sob sua jurisdição. Pretender uma liberdade fora das leis de Deus seria admitir que existem outras instâncias no Universo não governadas por Deus. Como, por definição, sabemos ser isto impossível, logo, fora das leis de Deus, não há liberdade.

— Então devo deduzir que, de fato, não estou diante de um dilema? — perguntou Gaia, como se para si mesma.

— Não hoje em dia, com a compreensão que atingimos. Houve um tempo em que acatar os princípios de uma religião teria sido renunciar à liberdade individual em vários aspectos. No entanto, "a verdade vos libertará" — disse o Mestre — e verificamos que quanto mais nos aproximamos de compreender a verdade sobre Deus e as leis da Vida, mais nos tornamos livres, mais nos expandimos e nos fortalecemos, porque nos encontramos como filhos de Deus em ligação direta com Ele. Não precisamos temê-lo, ou envergonharmo-nos diante d'Ele, que é o supremo Amor e a suprema compreensão.

— Assim, não preciso mais preocupar-me em agradá-lO ou desagradá-lO... — observou Crítias.

— Sim, porque viver para agradar ou desagradar alguém , ainda que seja Deus, é bastante limitador. Crê, porém, que Deus se desagrade? Crê que Deus criaria algo que O desagradasse? Se o fizesse, seria isto prova de inteligência?

O intuito de agradar a Deus nasceu nas cavernas, quando se pensava que a ira divina redundaria em prejuízos de ordem material, desgraças, pragas, destruição, e só por causa disso. Ou, qual consideram vocês que teria sido o móvel das oferendas e sacrifícios de nossos antepassados?

Deus não quer que O agrademos, porque agrada-Lhe ser observador da marcha ascencional dos seres. Já criou a harmonia, em que se compraz. Nós que é precisamos encontrar, nesta ordem, as vias da paz e da felicidade, no que Ele sempre nos ajuda, se for nossa vontade.

Pretender uma liberdade fora das leis de Deus seria admitir que existem outras instâncias no Universo não governadas por Deus.

Verdade

— Sinto nossa classe inquieta, no dia de hoje. Algo ocorreu, desde nosso último encontro?

— Temos nos ocupado de definições que nos parecem necessárias, no entanto, a impossibilidade de atingir certezas nos aflige, algumas vezes. Onde, no mundo e nos mundos, a verdade, afinal? Sobre que ideias podem nossas considerações repousar tranquilas, sem o receio de ruírem sobre a fragilidade de suas premissas?

— Pois bem, Sinésio. A busca da verdade é aquela que o move, neste momento. Belíssima busca, sublime movimento! No entanto, onde buscá-la? Quais os parâmetros aplicáveis a se identificar o verdadeiro e o falso, e, consequentemente, o eterno e o temporário, o absoluto e o relativo?...

— Professor — interrompeu Talia —, parece-me que é difícil entender isso sem se falar de algo que seja uma verdade incontestável. Uma verdade da qual nenhum de nós e nem ninguém na humanidade disseminada pelos espaços possa duvidar. Gostaria de pensar sobre um exemplo, para maior clareza de minhas ideias...

— Podemos seguir a sugestão dessa jovem amiga e pensar numa verdade incontrastável, eterna e absoluta?...

— Penso em Deus, o supremo Criador de tudo o que vemos e do que não vemos — declarou Demétrio, com firmeza. — Deus há de ser a instância mais alta da verdade, visto que preexiste e sobrevive a tudo que conhecemos ou podemos conceber.

— Deus... parece-me um exemplo adequado. Porque não podemos dissociar Deus da verdade. Desde o "sem-tempo", Deus é a suprema afirmação de si mesmo em cada obra, em cada mundo, em cada forma de vida, em cada princípio espiritual. Podemos pensar sobre Deus e sobre a verdade de Deus. Sua presença, suas qualidades, sua manifestação — faces da verdade.

— No entanto, Deus tem faces inacessíveis a nós.

— E seria a verdade totalmente acessível a nós, no presente momento? Ou somos viajores nos caminhos da verdade, penetrando-a, desvendando-a, revelando-a paulatinamente, aproximando-nos de conhecê-la, mas ainda longe de sua essência primordial? — disse Arquimedes, tomando de uma vara e traçando uma linha na areia.

— Percebo a linha que desenha para nossos raciocínios, mas não percebo onde pretende nos levar, professor.

— A verdade não será acessada unicamente pelas vias do raciocínio. A verdade, temos de senti-la, ou ela nunca significará nada para nós. Os grandes buscadores e defensores da verdade não a encontraram num tratado, onde está mais descrita que presente. Dela, porém, enamoraram-se, apaixonaram-se, desposaram-na não por puro deleite intelectual, mas porque sentiram-se plenificados ao seu contato. Experimentaram, sim, o prazer de viver com a verdade, de privar de sua intimidade, de tê-la consigo, companheira fiel, em todos os momentos, e do significado desta companhia. Eles não conheceram a verdade em suas leituras somente, ou através da compreensão analítica. Eles beberam e comeram, e experimentaram seu sabor e seu aroma, e não mais puderam da verdade se separar, porque ao seu lado se sentiram fortes e protegidos, ao mesmo tempo. Saber a verdade é experienciá-la, vesti-la como sua túnica, bebê-la como seu néctar, comê-la como ambrosia, o banquete dos deuses.

A Criação é a face visível, perceptível da verdade. Mas você não lê a Criação, nem se liga a ela desenhando números numa escrivaninha. A verdade é o flanar de uma gaivota, o entumescimento dos vegetais que prenuncia as florações, o sal do mar em sua língua, o Sol a nascer e se pôr... — E, erguendo do chão a vara com que traçava sinuosidades, tocou o coração de Sinésio e concluiu: — Ei-la aqui, na sua sinceridade, na sua humildade, no seu esforço estudantil de encontrá-la. Eis aqui Deus, verdade das verdades, no modo como ele o chama para si.

Emocionado, Sinésio calou-se, porém ainda o tema não se havia esgotado.

— Como saber se a verdade dentro de mim não é apenas uma opinião? — Inquiriu Gaia.

— É só tomar a Deus, a suprema verdade, como termo de comparação. Sempre que um pensamento lhe ocorrer, que ouvir um ou outro argumento, observe se ele é compatível com a suprema verdade manifesta em todas as criaturas, se ele está em concordância com o Amor e a Justiça perfeitos, e só então, tire suas conclusões. Se alguém lhe disser que o homem deve submeter-se ao homem, pese, ouça sua alma, veja se Deus colocaria, no Universo, seres destinados à subjugação, negação da igualdade originária das criaturas. Se alguém lhe disser que o homem há que penar para atingir as glórias do Paraíso, veja se isso é próprio de um Pai amantíssimo, desejar ver seu filho em sofrimento. Se alguém lhe disser que resolverá todos os seus problemas, veja se isso demonstra sabedoria do Sublime Educador de almas. Se alguém lhe disser que o homem é essencialmente mau, pense se Deus algum dia criou algo de essencialmente mau. Deus e suas virtudes infinitas — eis o axioma dos axiomas. Na observação e no convívio com a Natureza, verão que ficam mais próximos da verdade, sendo capazes de, por instantes, vê-la tão nitidamente quanto a luz do dia.

Porém, na qualidade de buscadores, é natural que precisem apreciar a verdade conquistada sem ambicionar, por hora, a que se coloca fora de seu alcance. Eis um exercício de humildade e de verdade: reconhecer suas próprias capacidades íntimas, sua pujança, mas, necessariamente, sua limitação. Contudo, tranquilizem-se na certeza de que Deus jamais negará a verdade àquele que humilde e honestamente a procure, porque também isto se deduz de sua infinita Bondade. Se o homem se engana é, antes, por suas fraquezas, seu orgulho e sua vaidade que o cegam, não porque Deus dele a oculte.

Opções

— Não sei se cabe aqui minha questão. No terreno das atitudes, como escolher com acerto?

— O que lhe parece, Sinésio? Temos como ter certeza ao decidir nossas ações?

— Acredito que temos esta condição, porque se não tivéssemos condições de escolher, também não poderíamos assumir as consequências de nossas escolhas, e isso negaria a lei de causa e efeito...

— Muito bem, Gaia! Realmente, Deus nos oferece sempre escolhas em que podemos exercitar nosso discernimento, e essas escolhas surgem quando estamos prontos, sem dúvida. Uma cadela não escolhe entre ter ou não ter filhotes, porque essa escolha não lhe está disponível em seu progresso. Mas desde que sou capaz de entender as implicações, e os riscos, e os compromissos que dar à luz significa, eu adquiro o poder de decidir a respeito.

Minha consciência torna-se mais lúcida a partir das aprendizagens, por isso se diz que ao progresso intelectual segue-se o moral. A consciência das implicações de meus atos torna-me capaz de optar, e esta mesma consciência me conduzirá a receber os efeitos provocados de maneira positiva ou negativa.

Agora: o homem, amiúde, vem abdicando do discernimento em favor de seus impulsos irracionais: também aí uma escolha terá sido feita e uma consequência forçosamente haverá de surgir. Porque desde que atinge o reino hominal, pertence-lhe o domínio da razão e do livre-arbítrio para que os utilize em seu favor ou, se não souber aplicá-los, amargará consequências desagradáveis.

— De que maneira poderei acertar sempre?

— Acertar sempre é uma condição que a humanidade em nosso estágio ainda não possui. Podemos, porém evitar muitos erros, poupando-nos de sofrimentos desnecessários. Todo aquele que busque sinceramente o seu progresso e seu equilíbrio com as leis da vida, inspire suas decisões no exemplo de Deus, máxima sabedoria. Deus, que por todos tem amor, que a ninguém privilegia, que não volta as costas ao faltoso, que não cerra as portas ao arrependido, que não prefere ou desdenha nenhuma das mínimas criações, que não economiza bênçãos, que não se ofende nem se ressente, que não pune ou revida (nem as piores atitudes), que tudo faz para nos conduzir ao esclarecimento e à sabedoria, que nenhum de seus filhos deixa de ouvir... Não têm vocês em Deus a medida ideal de suas escolhas? Busquem a proximidade desta medida, e praticamente não poderão errar. Mas que tudo que fizerem, a partir de então, nasça do mais fundo de suas almas: é assim que vivenciarão a verdade no dia-a-dia de suas existências, à semelhança do Criador, que se mostra e declara em cada criação.

Autoconhecimento

— O quanto têm me valido estes diálogos, no tempo enquanto duram, e nos aspectos que analiso posteriormente, quando me encontro a sós, encoraja-me a expressar um desejo: gostaria de permanecer em sua companhia para sempre, aqui, que é a visão mais próxima do Paraíso que já pude imaginar! — declarou Demétrio.

— Conheço homens, sobre a Terra como no espaço, que acreditaram ter encontrado o Paraíso para, em seguida, perceber que coisas importantes ainda lhes faltavam. — observou Arquimedes.

— Aqui, amplio meu conhecimento de tudo que nos cerca e de mim mesmo, excitante ocupação. Sinto que meus olhos enxergam mais longe, que toco mais fundo no cerne dos elementos.

— Sim, é bem verdade que temos aprendido a esse respeito. Que me dirá, porém, do conhecimento de si mesmo?

— Inteligente recomendação de nosso pai Sócrates. Para conhecer-me, basta olhar-me para mim, conhecer minhas forças e minhas fraquezas, meus domínios e meus limites, meus sentimentos e emoções.

— Quer fazer-se discípulo de Narciso? Lembre-se, contudo, do que lhe sucedeu...

— Não corro o risco de submergir em mim mesmo, professor...

— Conheço homens que naufragaram em suas próprias tormentas íntimas. Cuide-se, para que isto não lhe venha a ocorrer. Não obstante, gostaria de comentar dentro do grupo o que propõe: gostaria de atingir o conhecimento de tudo e o conhecimento de si frequentando nosso curso livre por tempo indefinido. Pergunto-me, e aos presentes, se consideram possível a satisfação deste desejo...

— Bem, professor: não é o espírito, livre para escolher suas vias de progresso? — arriscou Talia.

— Reformularei a pergunta: seria possível alguém chegar a conhecer-se a si mesmo em diálogos e solilóquios à beira da praia, desde que esta escolha lhe seja lícita?... Mas, antes desta, perguntarei ainda: que é conhecer-se?

— Acredito que um espírito conhecer-se a si mesmo é ter exata noção de suas virtudes e vícios, de suas possibilidades e dos recursos de que dispõe para atingir seus objetivos. — afirmou Demétrio.

— Saber identificar suas reações aos mais diversos acontecimentos no sentido de aprimorá-las. — falou Celes.

— Identificar sua contribuição às mais diversas situações da vida e ser capaz de pesá-las e avaliá-las, segundo seus desdobramentos bons ou ruins.

— Entender como funciona sua mente racional e deixar de ser ludibriado por suas imposturas.

— Saber quando suas ações expressam seu verdadeiro querer, e quando se conformam a desejos alheios.

— Bravos! Nossa classe oferece um vasto material às nossas pesquisas. Minha função de professor parece mais bem cumprida, quanto mais questiono e quanto menos respostas ofereço. Respostas

— sim, muitas eu as tenho, para mim! Porém são minhas, e o destino do ser não é contentar-se com as respostas encontradas por outros, mas proceder às suas próprias verificações. Que tédio, estudar e decorar respostas encontradas por outros! Que estimulante procurar as nossas próprias, como um bandeirante em mata desconhecida, como um aventureiro, como um andante no rumo de suas investigações! Eis a aventura do conhecimento. E do autoconhecimento. Já pensaram em que os homens trilham as sendas das encarnações, passam de um lado para outro da vida e, a cada momento, estão se conhecendo, tomando ciência de suas reações ao imprevisto, descobrindo o quanto possuem de resistência ao cansaço e à dor, o quanto lhes faz bem a alegria e a ocupação útil? Observaram como, desde o momento de acordar até a hora de dormir, as situações do cotidiano revelam o homem a si mesmo? Fazem-no ver suas fraquezas, onde pensava estar fortalecido. Fazem-no encontrar coragem onde imaginou que recuaria. Levam-no a exercitar a paciência que não pensara possuir, a calma que não conhecia. Incitam-no a oferecer um amor de que jamais se supôs capaz.

Como chegar a este mesmo objetivo através do diálogo, que é uma mera troca de ideias? Se me sento à beira-mar e converso comigo mesmo ou com outros, tudo se passa exclusivamente no campo mental. A diferença está em ter-se ou não um *alter ego*, uma ideia diferente com que confrontar-se. Falar é útil, mas não é tudo. Diriam que é possível conhecer-se um homem por suas palavras?

Alguns riram discretamente e Crítias, sintetizando os comentários, respondeu:

— O valor das palavras depende do valor do homem. As palavras de um homem reto nos levam a conhecê-lo. No entanto, conhece-se um homem reto, primeiramente, por seus atos. O mais comum é que as palavras de um homem valham bem pouco...

— Também para conhecer-se a si mesmo, meça o homem as suas atitudes.

O Bem e o Mal

— Professor Arquimedes, por que nem sempre nos é fácil distinguir entre o bem e o mal?

— Qual é, para você, Talia, a expressão do bem?

— Os atos de bondade, de desprendimento, eu creio...

— Muito bem. E, qual a sua dúvida?

— Existem circunstâncias tão complexas, que o bem de alguns pode resultar na ruína de outros, ou que, faça-se o que fizer, haverá perdas e prejudicados.

— Você identifica o mal com perdas e prejuízos. No entanto, o mal também pode resultar dos abusos e excessos, assim como o bem resultar de uma perda. Não vê a dinâmica da existência, extraindo lições das piores catástrofes? De que perdas e prejuízos você está falando?

— Há decisões que tomamos que afetam as pessoas próximas de nós, levam-nas a perdas materiais ou morais. Mas que são decisões inevitáveis. Gostaria de não ser submetida à necessidade de tomá-las.

— Pergunte ao Pai. Não há perguntas feitas, com intenção sincera e generosa, que Ele deixe de responder.

— Mas, como saber que é Ele a me responder?

— A voz de Deus em nós é inconfundível. É mais que uma palavra audível, é uma sensação de reconforto e plenitude, de integração com as fontes superiores. Mas é preciso que essa intenção sincera e generosa seja verdadeira, e que não exista, na balança que pesa, nenhum intuito de satisfação do egoísmo ou de vaidade. Porque o egoísmo só tem ouvidos para o ego, e ignora as instruções de Deus.

— Mas, e se eu lhe der ouvidos?

— Se quer ouvir apenas o ego, não creio que sua preocupação seja, de fato, distinguir o bem do mal, porém a satisfação de um desejo pessoal. Neste caso, ouça apenas a si mesma e faça o que bem entender. Há certa chance de fazer algum bem, de forma indireta, mas não há garantia dos resultados que colherá no futuro, segundo a lei que nos preside os destinos.

— No entanto, mesmo quando decidimos por uma alternativa que sacrificará alguém, poderemos contar com a inspiração divina?

— A medida é a transparência de sua intenção. Você pode sempre fazer o bem que está ao seu alcance, fazer o melhor possível com os elementos que a vida lhe apresenta. Além do mais, o que vale é não ser, a sua intenção, a de causar dano a ninguém. Quando você toma uma decisão visando o prejuízo de alguém especificamente, ou benefício exclusivamente próprio, afasta-se do bem e não está em posição de ouvir a voz de Deus em si. Mas quando o bem é seu único intuito, dificilmente errará. Tenho visto situações dos mais diversos níveis de gravidades, onde ninguém deixa de receber segundo seu merecimento. Acredita, por acaso, que as próprias pessoas não se colocam em posição de devedoras diante da lei, quando então aquilo que lhe parece uma imputação injusta mais não é que o seu cumprimento estrito?

— Não compreendo.

— Pensar nas outras pessoas é legítimo e belo, reflete a grandeza da alma, no entanto, não somos senhores da destinação de ninguém (exceto de nós mesmos). Quando não há egoísmo ou interesse próprio movendo nossa vontade, quando, além disso, não pretendemos fugir de nossos deveres, quando aceitamos os desígnios do Pai acima de todas as coisas, estaremos olhando em direção ao bem, e nenhum mal poderá resultar. O que lhe parece um mal, pode ser uma necessidade de um ou mais espíritos.

O bem é sempre leve e alegre, claro e límpido. É a harmonia de todas as coisas. O mal apenas surgirá, se o bem não for sua motivação. O mal nasce do egoísmo, e diz: "ou eu, ou você, então serei eu". O bem sempre diz: "eu e você, então, seremos nós". Observe o que seu íntimo diz, e saberá diferenciá-los.

— Amar o próximo como a si mesmo. — recordou Demétrio.

— Muito bem! Eu e você, você e eu: nós, num mesmo nível. Assim para você, como para mim. Talia, nenhum de nós tem noção do bem absoluto, do bem que fosse o melhor de todos os bens possíveis. No entanto, o bem é contabilizado pela sua sincera vontade de atendê-lo.

Seu coração é como uma fonte. Purifique a fonte, e terá sempre água pura. Manche-o com o orgulho, o egoísmo e a vaidade, e haverá contaminação do mal nos seus atos.

Ciência

— Mestre, como você, sinto-me inclinado ao desafio das ciências. Esta tarefa de descobrir leis e revelá-las aos homens me atrai de maneira irresistível. Eis o que desejo fazer em próxima encarnação.

— Alegro-me com esta decisão, Crítias. O conhecimento das leis é um dos fatores primordiais da busca da felicidade, já que a infelicidade surge quando delas nos afastamos.

Demétrio ergue o braço e opina:

— Penso que o amigo se referia às leis físico-químicas. Ao menos, se me permite, era sobre o que falávamos antes de iniciar-se este encontro. Ele não falava das leis da convivência e da felicidade.

— Interessante observação. Acredita então que haja separação, nestes casos?

— Bem — interrompeu Gaia — não tem sido a busca científica a matriz de tantos males e sofrimentos no mundo? Não tem sido ela a responsável pelos avanços destrutivos da civilização?

— Por que tanto pessimismo, doce Gaia? Nunca ouvi seus pensamentos tão pesados de amargura! Não reconhece a ciência resolvendo problemas, aliviando sofrimentos, aproximando as pessoas no progresso das comunicações, ampliando conhecimentos em vários níveis? Imagine, um mundo sem ciência. Um mundo sem medicamentos avançados, sem telecomunicações, sem observatórios, sem jardins botânicos... Imagine um mundo sem eletricidade! Um mundo que não tivesse descoberto meios de produzir livros mais baratos — e o que seria da cultura? Temos de reconhecer que tudo isso são condições de progresso. Existe um momento na vida espiritual em que só precisamos desenvolver a capacidade de sobreviver, de buscar comida, de nos proteger do frio e procriar. No entanto, o próprio progresso exige mais, na medida em que nenhum espírito estacou nas idades primitivas do planeta, e o próprio progresso engendrou os meios, facilitando a vida, criando oportunidades. Como ter tudo isto, sem ciência?

— Mas Arquimedes reconhece, também, quanto mal a ciência gerou...

— Forçoso reconhecer que a ciência nem sempre foi aplicada para seus melhores resultados, o que advém do uso do livre-arbítrio do homem. Se o homem ainda não aprendeu a usar a liberdade que possui, dele é o atraso, e não culpada, a ciência! Se possuo nas mãos um remédio que pode curar ou matar, dependendo da dose, se alguém morrer, a responsabilidade não será do remédio, mas de quem foi inábil ou usou de má-fé. O objetivo da ciência, como tudo no Cosmos, é criar o bem e a felicidade, e quanto mais conhecemos das leis de Deus, mais comprovamos esta assertiva.

Toda Ciência busca a descoberta e a aplicação de leis. Todas as leis promanam do Criador, Pai amoroso por excelência. Sejam as leis do mundo material, sejam do mundo moral, partem todas de um princípio único, cujo corolário é a lei de Amor. Lembrem-se de *O livro dos espíritos*, da resposta: "O amor é a lei de atração para os seres inteligentes. A atração é a lei de amor a operar na matéria." Siga o caminho que seguir, o cientista sincero sempre chegará a uma constatação universal: o amor opera verdadeiros milagres em todos os níveis evolutivos, da partícula ao arcanjo. O amor está presente em toda parte, em todos os processos vitais, mecânicos, térmicos, elétricos.

Não se pode fazer verdadeira ciência, divorciado da procura do Amor, ou a Ciência se transformará num simples jogo, um jogo de saber e poder. O cientista sincero não é egoísta, nem vive para vaidosamente confirmar suas ideias preconcebidas, ele apenas busca aquilo que é, foi e será, independente de seus interesses pessoais.

Crítias, se está pronto para ser este cientista, congratulo-me convocê, pois a Terra necessita de homens assim. Homens capazes de unir ciência e consciência.

Estudam-se as ciências para compreender as leis, compreendem-se as leis para fazê-las funcionar, funcionam as leis para o bem estar de todos. Podem perceber a necessidade desta sequência?

Ciência engendra conhecimento. Sem conhecimento, impera a ignorância, o estado dos espíritos primevos — recém-saídos do seio do Criador.

Sem conhecimento não há razão possível, pois a razão só pode ser eficiente nas esferas que lhe são conhecidas. Não existe raciocínio sobre o ignorado. Podem, por exemplo, raciocinar sobre a natureza de Deus?

— Não, nem sabemos como começar. — respondeu Demétrio. — A natureza de Deus é uma incógnita para todos nós. Tanto que, segundo *O livro dos espíritos*: "Deus existe; não podemos duvidar; e eis o essencial." Isso, se não me engano...

— Perfeito, Demétrio! É o conhecimento que nos habilita a utilizar o raciocínio, e realmente só sabemos aquilo com que podemos lidar em nossas reflexões. Podemos ter lido muito, mas só aprendemos a parte que conseguimos usar, o restante ainda tem de ficar maduro.

Se você conhece a ciência dos computadores, pode identificar a causa de um mau funcionamento. Mostre um computador a um aborígene, e ele talvez atribua suas possibilidades a uma origem sobrenatural, porque não é capaz de compreender.

Como o ser encarnado na Terra que ainda desconhece as leis do mundo espiritual, e que, por desconhecê-las, teme ou age como criança, em obediência infantil e crença cega. Observam o quanto a ciência, ao desvendar o Mundo dos Espíritos, porá os seres humanos em condições de pensar e refletir sobre ele?

Esta, a grande missão da ciência. Transplantar as árvores do desconhecido para o campo conhecido. É belo fazer ciência, no entanto, o cientista precisa aprender a humildade do jardineiro dos canteiros divinos, para que a seus melhores frutos não se percam em mãos despreparadas.

Contrariedade

— Dentro da nossa tradição amplamente democrática, e como um bom grego cujo conceito de democracia também evoluiu, quero hoje propor eu mesmo o tema de nosso diálogo. Espíritos imortais, espíritos que são centelhas divinas, espíritos que são luzes a conquistar sua própria luminosidade, espíritos que herdaram de Deus o dom de imaginar e criar. Olho para vocês, como chamas inapagáveis, como inteligências em desenvolvimento diuturno, e pergunto: por que se curvam à contrariedade?

Por que permanecem internados na miséria do mundo, fazendo-se miseráveis? Por que cultivam a dor e a pequenez, quando o Universo se abre infinito sobre suas cabeças? Por que se colocam sob o jugo da adversidade, como se o Cosmo fosse feito de adversidade, de condições hostis, e de dificuldades?

Eu lhes digo, para que pensem: porque são almas cegas. Porque não enxergam mais que uma concha numa praia imensa, e acreditam que a concha seja toda a extensão e as belezas e os recursos da praia. E tomam a concha, e tendo colocado a concha no bolso, acreditam estar de posse do Universo. Mas no dia em que ela se perde, ou se quebra, perdem também seu teto, seu abrigo, sua segurança, seu-Deus e seu amor. Aí está, meus alunos, a essência da contrariedade que enfrentam, fruto da cegueira que os acomete.

— Mas, professor, nem todas as contrariedades são tão grandes. — observou Talia.

— No entanto, a contrariedade não é uma questão de dimensão, é uma questão de conceito. Quem acredita haver uma força contrária a si, seja para perder a vida ou a chave do carro, tem a mesma crença. Apega-se ao mínimo e despreza o incomensurável. Ocupa-se com o desimportante, deixando de compreender o essencial. Nossas crenças se provam diante dos acontecimentos da vida. Se são acontecimentos banais ou gravíssimos, no nosso ponto de vista, altera-se apenas a intensidade do sentir. Mudem a crença, e mudarão o sentir.

— Não compreendo como...

— Veem um cão atropelado e dizem: "Deus não cuidou dele." Quando a contrariedade bater à sua porta, dirão: "Deus não me cuidou. Sinto-me órfão e desprotegido, à mercê das circunstâncias. Sofrerei injustiças. Ficarei só." E se sentirão como o cão, ou como acreditam que o cão se sentiria.

No entanto, ao verem o mesmo cão, se dissésem: "A vida sempre se renova." Então, perante a adversidade, diriam: "A vida se renova. A sabedoria das leis opera as transformações adequadas. Curvo-me à Inteligência maior que eu, e me empenho em colaborar como puder."

Antes, escolheram a inação; depois, a ação. Antes, escolheram o individualismo; depois, compreenderam a interação. Primeiro, nivelaram-se ao cão; depois, viram que o cão recebe misericórdia, tanto quanto o homem. Então, eu pergunto à classe, agora: o que é a contrariedade?

— Contrariedade significa estar contra, eu acho... No entanto, se nada está realmente contra nós, e se tudo se prende a uma sabedoria superior, não sei quem está contra quem... — comentou Demétrio, vacilante.

— Espíritos imortais, centelhas divinas, luzes e deuses que são, lutam contra vocês mesmos. Seu imediatismo contra sua atemporalidade, seu presente contra seu eterno, seu materialismo contra o seu impalpável, sua dor contra sua paz, seu medo contra sua fé. E colocam-se sob o domínio do imediato, do presente, da matéria, da dor e do medo, dando-lhes poder e força sobre vocês e sobre suas atitudes. Assim, na arena de sus almas, dão vitória aos inimigos da paz, que abrigam e alimentam lautamente. Abram seus olhos, filhos do coração. Vejam, enfim, a essência divina de que são feitos. Fiquem, finalmente, ao lado de Deus, que sempre esteve ao lado de vocês. E não se curvem, porque nenhum espírito deve curvar-se áquilo que lhe é inferior, apenas ao que lhe é superior.

Curvem-se à vontade de Deus, e não à contrariedade. Enfrentem esses momentos como dignos filhos de Deus, e não como filhos da dúvida.

Amor

— Gosto de ouvir os corações e suas vozes. Este é o diálogo que nos acrescenta, quando são os corações, e não apenas as mentes, que efetuam trocas. No entanto, vejo ainda corações calados, entre nós. Podem dizer-me o que seria um coração calado?

— Um coração tímido — arriscou Parmênides.

— Um coração tímido é apenas um coração desconhecedor de sua própria força. É um coração que não ousa e, como podemos sentir a vida pulsando em nós, sem ousar? Um coração tímido é um coração que acredita poder se apagar.

— Será que Arquimedes se refere aos corações amordaçados pela razão?

— Também... mas não somente. Meus alunos, pensem e respondam: de que deve falar um coração?

— De seus sentimentos. — respondeu Gaia.

— E por que Deus criou os corações, entendidos aqui como a faceta do espírito que vibra sentimentos e emoções?

— Para falarem amor.

— Bravos, meus alunos. No entanto, Arquimedes quer que caminhem um pouco mais nessa direção. E pergunta: se Deus fez os corações para falarem amor, porque existem corações calados? Será que desafiam a vontade do Criador?

— Bem, professor, um homem calado é um homem que não fala de si, que se guarda. Penso, dentro deste caminho que suas indagações nos abrem, que um coração que não fala está apenas se guardando para si mesmo. — propôs Demétrio.

— E o que leva um coração a guardar-se, se foi criado para amar?

No silêncio que se fez, a voz de Arquimedes fermentava nossas deduções.

— Lembram-se da prece de Francisco de Assis? "Senhor, fazei-me instrumento de vossa paz." A paz de Deus é a ordem perfeita, a harmonia das leis observada na Natureza, razão porque vemos Francisco embevecido com as múltiplas formas em que a Natureza manifesta esta perfeição. E o amor é a base desta harmonia perfeita. E o que pede, antes de tudo? "Onde haja ódio, que eu leve o amor." E aí poderia terminar, porque toda a sequência de suas rogativas expressam os impulsos de um coração que ama, que ama sem condições, que ama sem razões, que simplesmente ama. Ama, porque este é todo o sentido de seu existir. Quando amamos, tornamo-nos instrumentos da paz, da ordem e da harmonia, como filhos e herdeiros que dão continuidade à obra de seu Pai. Porque a limitação de vossa visão embaciada pelo egoísmo vê, num herdeiro, alguém que apenas toma posse das riquezas que seu pai amealhou. Este mesmo egoísmo é que interfere em sua compreensão do amor. No entanto um herdeiro é, igualmente, aquele que toma ciência do que seu pai realizou, para dar-lhe sequência, para estendê-lo no tempo e no espaço.

O amor de Deus é abundante em todas as coisas, e cada espírito criado, uma fonte de amor com potencial incomensurável, mas frequentemente represada. E eu pergunto, meus alunos, o que leva um homem a encher seus cofres de riquezas, sua casa de bens, suas contas de dinheiro?

O amor de Deus é abundante em todas as coisas, e cada espírito criado, uma fonte de amor com potencial incomensurável, mas frequentemente represada.

— O temor de que lhe falte, um dia...

— Sim, Demétrio. E porque represamos o amor em nossos corações?

— Temendo que o amor nos falte, ou que não recebamos em troca daquele que entregarmos. Temendo ficar pobres, passar necessidade, como nos tempos de penúria em que, diante da escassez, tantos tornam-se aves de rapina.

— Podem observar — prosseguiu Arquimedes — que nossos corações, não obstante não amarem, cuidarem do amor como se fosse um cofrinho de moedas de que é preciso dispor com extrema parcimônia, continuam a sentir-se miseráveis? E fazemos isto, por quê? Porque não acreditamos que exista amor suficiente para todos no Universo, ou seja: pelo mesmo motivo que nos leva a reter dinheiro em nossos alforjes. Espíritos acreditam poder oferecer-se a si mesmos com exclusividade o amor de que dispõem, não compreendendo que negam a natureza do próprio amor, que foi feito para transitar entre os seres da Criação, como o corrente sanguínea que mantém o Cosmo em estado de saúde e equilíbrio, e não para alimentar-se de si mesmo. Não veem o amor a derramar-se por todas as vidas, engendrando transformações, lenindo chagas, criando beleza. Conseguem identificar a essência do amor em forma de árvore, de rio, de ave, de chão fértil, de chuva refrescante, de frutos adocicados, de remédios amargos? Este é o estado de bem-aventurança experimentado por todos aqueles que amam: sentir a benção infinita do amor jorrar de todas as coisas e para todas as coisas, dado que só podemos sentir aquilo com que somos capazes de sintonizar.

Alegria indizível, ser médium do amor! O coração dizer amor todo o tempo, em cada gesto, em cada pequeno momento, em cada ínfima circunstância. Veem o amor a transbordar das lições do Mestre? Deem-me uma lição de Jesus, e dela poderemos extrair o sumo fragrante do Amor..

Pais & Filhos

— Proponham uma reflexão.

— ...

— Qualquer uma! Podem lembrar-se de um dos ensinos do Mestre?

— Professor — disse Talia — não compreendo o porquê de Jesus nos pedir para abandonarmos nossos pais. Não vejo amor no sustento destas palavras.

— Abandonar pai e mãe. "Abandonar" e "deixar" são palavras de sentidos muito próximos, em algumas aplicações, porém distantes, em outros casos. "Abandonar" é ir para sempre, deixar à sua própria sorte, esquecer-se de alguém, se possível fora... "Deixar" também compreende este sentido, mas é mais: é largar, permitir que se solte. Veja que o Mestre dizia, de fato, para deixarmos nossos pais, e não, para abandoná-los. Podem perceber as consequências desta pequena mudança? São particularidades do idioma.

— Sim, mas por que devemos deixar nosso pai e nossa mãe? Não seria faltar-lhes com a consideração que merecem? Não seria certo permanecer com eles, ampará-los? Não estaríamos descumprindo o Quarto Mandamento?

— Eis onde a diferença das palavras e significados ganha importância. “Deixá-los” não quer dizer deixar de amá-los ou desampará-los. Quer dizer soltá-los e soltar-se deles, tornar-se adulto, maduro, responsável por seus atos, sair de sua tutela. Deixá-los significa assumir sua vida, seus sentimentos e suas vontades, e sua independência. Significa checar o que ensinaram, compreender que há conceitos perenes e transitórios, como na lei de Moisés, onde temos o contexto eterno, representado pelo Decálogo, e o transitório, das leis disciplinares. Atingir a maturidade significa ser capaz de avaliar as motivações de seus atos e seus conceitos de vida, descartando os que já não nos servem e revalidando os que são imperecíveis.

— Impossível realizar isso sem a maturidade.

— Amadurecer é ser capaz de agir livremente, sem pressões, sem intervenções alheias, no pleno uso do discernimento.

— Que Arquimedes poderia nos dizer, então, sobre a renúncia? — inquiriu Gaia.

— A renúncia deve ser uma ação livremente decidida, assim como a humildade, a mansuetude e a benevolência. Aquele que só é humilde, manso e benévolo, por falta de opção, não detém a verdadeira virtude, é apenas comandado pelas circunstâncias. Deixar meus pais é deixar as razões que eles me impunham para ser virtuoso, encontrando as minhas próprias razões. Por isso o Mestre diz: quem não deixar seu pai e sua mãe, e sua mulher, e seu filho, e sua vida, e seu irmão e irmã, não pode ser meu discípulo; mas aquele que o fizer, terá como herança a vida eterna, compreendida aqui como a verdadeira vida. Temos que a bem-aventurança é uma conquista estritamente individual, embora ela não prescinda da convivência, dos exercícios coletivos e da doação de nossa participação na ordem do Universo. Jamais terei a experiência da vida verdadeira se ficar preso às ideias de meus pais, se não construir meu próprio caminho. No entanto, haverei de amá-los, honrá-los e respeitá-los, não obstante deva deixá-los e sair para minha própria busca.

— Parece que tudo acaba convergindo para a busca, professor...

— O ser é busca. Pergunte o que é um homem, o que o faz levantar-se pela manhã e enfrentar o dia, e descobrirá que é a sua busca. Pergunte o que trouxe o homem até este estágio da evolução individual, e perceberá que foi a sua busca. O que conduziu Colombo à América?... Estenda sua observação por sobre o planeta, e se perguntar o que tornou a Terra o planeta que hoje se apresenta, descobrirá que foi a busca. A busca é o movimento do ser no sentido da perfeição, muito embora a estreiteza de sua visão lhe diga que está buscando o conhecimento, ou o conforto, ou o amor, um dia saberá que sua busca é tornar-se perfeito.

— Então, será este o critério para avaliarmos o legado de nossos pais?

— Interessante proposta, Gaia! Pode-se dizer que, de todos os valores transmitidos por meus pais, deverei reter aqueles que condizem com a perfeição, desprezando os que alimentam o egoísmo e o orgulho. Infelizmente para muitos, ao fazer essa separação, perceber-se-ão imensamente empobrecidos, porque os pais nem sempre têm a noção exata da herança que lhes cabe transmitir... Dentro destas nossas considerações, então, o que consideram importante transmitir aos seus filhos, meus alunos?

— O conhecimento da paternidade e da bondade de Deus, para que não se sintam sós nem desamparados.

— A noção da imortalidade, para que compreendam a responsabilidade dos seres pelo futuro.

— A ideia da multiplicidade das existências para que não fiquem cegos, dilapidando em uma vida os tesouros das oportunidades, da saúde, da família, da convivência, da cultura, os quais poderão faltar-lhe em outra ocasião.

— O respeito aos direitos do outro, assim como desejamos ser respeitados.

— O prazer de encontrar o outro, de descobrir a afeição, o carinho e o amor como fontes maiores de contentamento e paz interna.

— O desapego, que é o primeiro passo da vivência da liberdade.

Arquimedes fez um sinal, erguendo a mão, e falou:

— Compreendem que os pais que sabem desapegar-se dos filhos jamais vão se sentir abandonados? Compreendem que todas estas lições — que vocês indicaram —encontram-se nos Evangelhos do Mestre? Percebem, então, o quanto elas demonstram a profundidade do amor por todos nós, oferecendo-nos a chance de abraçá-las e caminharmos na luz, ou rejeitá-las e vagar pelas trevas, mas sem imposições? Que de mais importante poderíamos desejar que nossos filhos aprendessem?

— No entanto, nossos filhos também nos deixarão... — Observou Demétrio, com certa tristeza.

— É inevitável. Deverá perguntar-se então: e o que poderei oferecer-lhes, que possam levar consigo, que lhes sirva a partir de então?

Filhos de Deus

— Linda manhã! Alguns despertam. Em outros lugares, outras pessoas preparam sua última refeição do dia. Não me canso de olhar, e de admirar, e de bendizer, e de agradecer... Sim, pois não há outra atitude possível diante deste quadro dinâmico e magnificente, que se oferece aos nossos sentidos a cada minuto. Acredito que o Criador nos deu a beleza como lembrete permanente de Sua atenção voltada para nós, das mínimas coisas ao gigantesco, das geleiras ao arco-íris, das montanhas ao grão de areia. Como não sentir-se participante, digno do mesmo apreço e dedicação? E, desde que o Pai não nos esquece por um só segundo na eternidade dos tempos, pergunto: quantas vezes nos esquecemos do Pai?

— Mas, de que maneira, se Arquimedes não nos permite esquecê-lO?

Alguns risos pairaram, leves e rápidos como borboletas.

— Eis uma missão que aceitaria de bom grado, por considerá-la de cabal importância. Lembrar os homens da presença e bondade de Deus. Sinto que esta ocupação me preencheria os dias com profundo contentamento. E pode bem ser esta uma oportunidade de começar... E vocês, que dizem?

— Sinto-me no dever de repartir as bênçãos da fé que adquiri, nos seus efeitos tranquilizadores e tonificantes sobre minh'alma. É como se em Deus me plenificasse, e sem Ele, estivesse abandonada à indigência espiritual — declarou Celes. — Ficaria feliz em poder proporcionar este estado interior a outros espíritos.

— Entendo que Francisco de Assis respeitasse, em cada forma, em cada configuração da Natureza, uma expressão pura da paternidade universal — observou Demétrio. — Também eu, observo o vento deitar o mato, o mar trazer as ondas como oferta de abundância, as aves que procuram o mais alto nos céus. E minha alma se encontra diretamente com a vida, a abundância e a liberdade. E este encontro é sem palavras. Nada posso dizer, apenas entregar-me.

— No entanto, como mostrar aos homens um Deus que ignoram ou se recusam a ver? Com que meios, e de que modo, levaremos a ideia de Deus àquele que em nada crê?

— Professor, disse-nos há pouco que amiúde nos esquecemos de Deus. Lembrarmo-nos dEle a cada instante, e agir com esta consciência, não seria um caminho?

— Muito perspicaz, doce Gaia! Como realizar no outro o que ainda não fizemos em nós mesmos? Havemos de nos exercitar na consciência de Deus, primeiramente. Como o faremos... Crítias?

— Eu?! Entendo que a prece, em seus efeitos apaziguadores, me mantém próximo de Deus.

— No seu caso específico, espírito ardente e perquiridor, entendo que busque a prece para apaziguar-se. Para outros, prece é alegria, ânimo, coragem, estímulo. Encontramos na prece infinitos recursos de fortaleza, alívio e compreensão. No entanto, nenhum homem viverá permanentemente em prece, porque precisa estudar, devotar-se ao seu trabalho, desfrutar a beleza, conversar com amigos, oferecer-se ao benefício dos semelhantes. Como testemunhará sua consciência de filho de Deus, nessas ocasiões?

A casa de meu pai merece respeito, e meus irmãos são dignos de afeição.

— Devotando-se a cada criatura como sua irmã, num testemunho silencioso da certeza de que Deus é o Pai de tudo quanto existe.

Arquimedes, não satisfeito, insistiu.

— E como testemunhará sua consciência de filho de Deus, neste devotamento.

— Encontro em Deus a fonte de poder supremo, e a Ele me submeto — Declarou Celes. — Deus é o maior poder do Universo, e ninguém ou nada pode mais que Deus, por mais que se iluda, pois permitir a ilusão também é um poder de Deus.

— Encontro em Deus a bondade suprema, transformada na infinitude de bens que ele nos oferece sem limite. Acredito que o exercício da bondade é o maior testemunho de meu Pai. Almejo atingir o ponto em que não consiga ser outra coisa a não ser bom em todas as situações, pois aí estarei lembrando aos homens de que Deus é a bondade sublime que nos atende às necessidades, acolhe os temores e ensina os caminhos — refletiu Demétrio.

— Para mim, Deus é o senhor da ordem e da harmonia, e expresso minha filiação divina pensando, falando e agindo harmoniosamente. Em Deus não há conflito e, quando dentro de mim não existirem mais conflitos, poderei manifestar essa harmonia perfeita. Atualmente, essa harmonia é uma busca, e minha busca de Deus é meu dever de filha dEle.

— Para mim — falou Crítias — Deus é justiça acima de qualquer justiça. Expresso minha filiação divina confiando a Deus a realização da justiça, não julgando, nem condenando meus semelhantes.

— Gostaria que fossem mais específicos — pediu Arquimedes, fazendo-os pensar.

— O agricultor que deposita na terra a esperança da colheita semeia os campos de Deus.Deus é doador da abundância ou da escassez, circunstâncias que sempre significam abundância de ensinamentos.

— O engenheiro que desenha máquinas, mais não faz que utilizar leis que Deus criou para funcionamento dos mundos.

— O jardineiro, criando expressões de vida e beleza, também é distribuidor destas dádivas ao mundo.

— Contudo — interrompeu Arquimedes — nem todos os agricultores, engenheiros e jardineiros agem como filhos de Deus.

— Porque não sabem que o são. — Arriscou Gaia.

— Então, podem imaginar o que será do mundo, quando todos os seres se considerarem filhos de Deus?

— Haverá alimento para todos. As máquinas servirão ao bem. A beleza se espalhará por toda parte.

— Mas, Professor, creio que a maioria da humanidade encarnada acredita em Deus...

— Sim, é fato. No entanto, em que Deus a humanidade acredita. No Deus-juiz? No Deus-vingador? No Deus-ancião? A humanidade repete "Pai Nosso! Pai Nosso!" Mas age como se Deus fosse seu Pai? Não se trata de apenas crer no Deus de que necessitamos, porém, de nos sentirmos seus filhos. Há de convir que há uma grande distância entre estes dois estados de alma.

Se sou filho de Deus, moro em sua casa. Se estou em casa de meu Pai, ela é bela e me acolhe. Se um pai deseja o bem, Deus deseja-me o maior Bem de todos, ainda que não possa ainda entendê-lo. A casa de meu pai merece respeito, e meus irmãos são dignos de afeição. Vê, diante disto o quão pouco significa tão somente crer?

Evolução

— Professor Arquimedes, acredita realmente na evolução para todos os níveis da Criação?

— Não é uma questão de acreditar, cara Celes. Não vê a evolução realizar-se, os espíritos se tornarem melhores?

— Não identifico tais melhoras como um movimento evolutivo do Universo, apenas como a opção que muitos fazem de melhoria individual.

— Considera a evolução um resultado do livre-arbítrio e, não, o livre-arbítrio como uma necessidade evolutiva... Podemos propor à classe este tema de diálogo?

— Sim, claro, Professor! Aliás, gostaria de acrescentar que esse pensamento ocorreu-me depois de minhas últimas excursões de pesquisa e estudo à superfície do planeta. Parece-me que a humanidade caminha pelo desejo dos mais fortes, financeiramente falando, enquanto que os fracos são espezinhados em suas fraquezas. Não é isso o que sempre existiu, na história mundial? A diferença é que os meios se refinaram, sofisticaram-se, mas a vileza dos sentimentos permanece. E desde que compreendo a evolução como tornarmo-nos capazes de sentimentos melhores, não vejo a Terra evoluir...

— No entanto, Celes citou níveis. Seremos capazes de nos lembrar de alguns níveis em que a evolução existe?

— Biologicamente — respondeu Crítias, de pronto.

— Sim, biologicamente os seres têm evoluído, o que quer dizer que as formas de vida que hoje encarnam no planeta são superiores às de milhões de anos atrás. E, perguntarei à classe: qual a razão da evolução biológica, desde que o Criador nada faz de desnecessário? A evolução biológica há de ter alguma finalidade dentre as leis universais.

— Pelo que sabemos — falou Crítias — os corpos servem à encarnação dos espíritos, dando-lhe condições de se manifestarem no plano físico. E se os espíritos necessitam de organismos cada vez mais perfeitos para sua manifestação, suponho que seja porque são espíritos cada vez mais perfeitos e com mais a manifestar.

— Excelente dedução! Contudo... que poderíamos dizer que sejam espíritos cada vez mais perfeitos?

— Com licença...

— Sim, Celes?

— Reconheço que os espíritos que vêm encarnando na Terra são cada vez mais inteligentes, porém "inteligentes" não significa "perfeitos".

— E, o que significa ser inteligente?

— Inteligência é a capacidade de resolver problemas e criar produtos de valor — respondeu Gaia. — No entanto, a inteligência tanto serve ao bem quanto ao mal, logo, inteligência isoladamente não significa evolução espiritual.

— Porém, em si mesma, não podemos dizer que a inteligência evolui, no sentido de ampliar sua capacidade de resolver problemas cada vez mais difíceis, e de criar produtos cada vez melhores?

— Sem dúvida.

— E, desde que a inteligência é um atributo do espírito, e não da matéria, somos levados a concluir que algo, no espírito, está evoluindo. No entanto, existe ainda uma série de problemas que a inteligência ainda não resolveu, com todo o seu avanço.

— Os problemas da fome no mundo, da violência, dos desajustes familiares, dos vícios...

— Isso, Celes, e outros! Não lhe parece que a evolução da inteligência conduzirá à percepção de que há problemas que necessitam de outro tipo de solução, além das que a racionalidade é capaz de oferecer? Não lhe parece que a inteligência tenha outras facetas a desenvolver? E não é a capacidade de sentir uma manifestação da inteligência?

— Não compreendo. Sempre acreditei que sentia com meu coração.

— Bonita figura de linguagem, apropriada aos poetas. No entanto, o espírito não se divide entre cérebro e coração, ele é uma inteligência que pensa e sente, e resolve problemas pensando e sentindo, como quando escolhemos um sofá por nos sentirmos mais confortáveis nele que no outro, ou quando sentimos que alguém está inseguro e vamos encorajá-lo, ou quando sentimos — a intuição nos diz — que devemos mudar o caminho para o trabalho e encontramos um grande amigo que nos oferece apoio em dado instante de conflito. As obras de arte são soluções do sentir a harmonia e a beleza, produtos de altíssimo valor para a humanidade, e ninguém conceberia obras sublimes de arte usando apenas sua razão. Eis a necessidade de que existam engenheiros e arquitetos, mas o espírito é o próprio engenheiro e arquiteto de sua evolução.

A inteligência evolui como um todo, não separa razão e sentimento, porque o espírito é indivisível...

— Mas, e quanto ao que assistimos acontecer no mundo? — indagou Celes, ainda confusa.

— Assistimos no mundo ao panorama criado pela evolução da humanidade, muito grande nos conhecimentos e na razão, ainda débil no que se refere aos sentimentos e virtudes. Devemos, então, afirmar que a evolução não existe, simplesmente porque seus resultados são ainda incipientes? No início dos tempos, ninguém falava em evolução biológica, tecnológica — por quê? Porque a evolução não era percebida como tal, e as pequenas melhoras eram tidas como acidentes do acaso, e não existia quase comunicação entre as terras distantes, e não se observava o movimento evolutivo global. O mesmo se dá com os sentimentos. Porém, a humanidade tem exemplos de onde pode levar a sublimação dos sentimentos. Temos Gandhi, recentemente. Mas temos Francisco de Assis, e temos Jesus, sublime expressão do amor. Percebe que o ministério de Jesus na Terra foi sempre a educação dos sentimentos?

— Percebo, outrossim, que a mensagem de Jesus tocou somente alguns...

— Celes, minha cara, donde vem tanto ceticismo? Não vê os frutos do amor espalhados na sociedade? Homens de bem em trabalhos de dedicação e auxílio? Nas profissões, vê a diferença entre os que trabalham com amor, e os que o fazem por pura obrigação?

Como pode um professor ensinar bem, sem amor, pelo que faz e pelos seus alunos? Como pode um arquiteto planejar uma casa aconchegante, sem amor?

O amor é um exercício e um aprendizado. Uma criança que mal segura o lápis pode escrever lindas cartas, quando crescer. O de que necessita a humanidade ainda, então, é simplesmente crescer no amor.

Fé

— Dizia, há pouco, como a fé se constitui num mistério para mim — falou Demétrio. — Considero este assunto um dos mais intrincados, e tem muitas questões relativas a ele que me esforço por compreender. Quando Jesus, por exemplo, diz a seus discípulos que não curaram um menino porque sua fé era pouca... Enfim, como saber se minha fé é suficiente?

— Excelente pergunta, que nos remete à definição de suficiência, tão variável, eventualmente subjetiva. Para entender a suficiência, preciso ter uma medida. Uma medida é sempre uma comparação.

— Arquimedes poderia explicar? — pediu Talia.

— Na receita de um pão, uso duas medidas de farinha e meia de azeite. Se não tivesse a medida, como misturaria farinha e azeite na proporção certa? Se não houvesse medida, como alguém poderia me ensinar a fazer pão? Neste caso, comparo a farinha e o azeite necessários à medida conhecida — uma certa xícara, por exemplo. Ora, quando falamos de pouca ou muita fé, falamos de medidas. Para medir, precisamos de algo conhecido para comparar. Poderia, acaso, medir uma xícara de fé?

— Fé é sentimento. Impossível medir! — concluiu Crítias, com certo descaso.

— No entanto, o Cristo falou em quantidade de fé. Os sentimentos têm a medida de sua suficiência, como Demétrio já observou. E a suficiência dos sentimentos é mensurável nas atitudes a que dão causa. Existem pessoas que amam uma causa o suficiente para libertar um povo. Outros, não amam tanto. Quanto à fé, podemos obter a medida de nossa fé em Deus, nas coisas ou nos homens, ou nos sistemas e doutrinas, através da seguinte medida: o quanto esta fé me mobiliza? De que atitudes sou capaz, por sua causa?

Se eu acredito no amor o suficiente para sobrepujar meu orgulho e me reaproximar de meu inimigo, eu tenho uma medida de minha fé no poder do amor. Se eu acredito no amor dos meus, mas não consigo me reaproximar de meu inimigo, não será menor minha fé no amor, e maior meu orgulho? Agora, gostaria que vocês me ajudassem com exemplos. Gaia, que pode nos dizer?

— Pensava em quanto tempo de nossas vidas dedicamos à sobrevivência, à busca de alimento e roupa, e quanto tempo dedicamos ao espírito, quando estamos na Terra.

— Sim. Os encarnados, devido à sua limitação sensorial, tendem a acreditar mais no que veem e tocam, que nas potências invisíveis. Acreditam mais no ouro que em Deus, tanto que a conquista dos valores perecíveis é uma de suas maiores ocupações. E o que isto deve representar, para nós?

— Que sua fé é insuficiente para dar-lhes serenidade, a qual só pode advir da certeza de valores eternos, e não de coisas transitórias.

— Isso, Demétrio. Vejo que seu raciocínio já está caminhando rumo às consequências para os sentimentos. Antes de prosseguir neste caminho, porém, gostaria de ouvir mais exemplos.

— Há inúmeros — acudiu Crítias. — Se alguém lhe disser que um espírito das sombras o persegue, em que acreditará, no poder de sua interferência ou em Deus? Se alguém ameaçá-lo com o mal, em que você acreditará: no mal ou na Justiça?

Uma voz ergueu-se, entre os estudantes:

— Quantas vezes eu acreditei mais na força que na paciência? Quantas vezes eu acreditei que nada mudaria na sociedade, se não usasse de violência? E agora, vejo que as mudanças reais vêm da compreensão de sua necessidade, e não da imposição. Acredito mais na educação que na doutrinação. Já não fomento revoltas, mas desejo inspirar a construção de escolas.

— Hoje, sua fé no ser humano é maior que sua fé na força, por isso sua ação é diferente. E, como eu posso saber, então, até que ponto creio no ser humano ou na força, no transitório ou no eterno, no amor ou na indiferença?

— Pelo modo como minhas ações revelam minha fé — propôs Gaia. — Para que minha vida está dirigida? Para conquistar prestígio? Então, tenho grande fé no prestígio. Para aquisição de conhecimentos? Então, tenho fé no conhecimento. Para a harmonia de minha família? Tenho fé na família. Para ir à igreja? Minha fé é na igreja. Para apaixonar-me? Tenho fé na paixão...

— Quase sempre, temos fé em diversas coisas ao mesmo tempo. Temos mais fé, porém, naquilo que mais nos mobiliza, naquilo a que a maior parte do nosso tempo e de nossos pensamentos são dedicados. Quando Chin An Ling pergunta ao seu Mestre chinês porque alguns homens se preocupam em limpar o pântano, qual é a resposta?

— "Eles acreditam nos lírios!"[3] — Disse Demétrio.

— Sim. E qual motivo pode ser tão forte para que me demore a sanear os pântanos, se não for a fé firme, a esperança inabalável na chance de cultivar lírios?...

Isto me recorda uma das parábolas do Mestre, a parábola do festim de núpcias, em que um rei envia convites para o banquete de casamento de seu filho. Os primeiros a serem convidados recusaram-se a comparecer. Outros foram cuidar de suas vidas e de seus negócios.

---

[3] Chei Ai Mim. *Transparência.* Psicografado por Oneida Terra. Barra do Piraí/RJ: Pousada de Francisco, 1989.

Outros, ainda, recebem seus arautos com agressões de toda sorte. Até que o rei estende o convite a todos, e o salão se enche de convivas. Vamos até aí... Os primeiros não perceberam a importância do convite. Os seguintes, tinham fé na urgência de seus afazeres. Os outros demonstraram sua fé na violência. Até que os últimos, depositaram fé nas palavras dos enviados do rei.

Várias interpretações são possíveis desta passagem. O festim é o Reino de Deus, não há que duvidar. No entanto, como reencarnacionistas, podemos entender que o convite foi repetido várias vezes aos mesmos ouvidos: os nossos ouvidos. Não há dúvida, igualmente, de que o convite se repete desde o início dos tempos, e que as portas do Reino sempre estiveram abertas. Como reagimos?

A princípio, fomos ignorantes e ingênuos. Tão pequeno o nosso entendimento, que não percebemos a dimensão e o alcance da oportunidade que se nos apresentava, então, seguimos dando importância e tendo fé naquilo que nossa compreensão pudesse abarcar.

Em seguida, fomos imediatistas, demonstrando acreditar no que podíamos ver e tocar. E realmente, as almas em estado de infância prendem-se firmemente ao que podem ver e tocar. Não percebemos o valor de um convite para um festim à distância, de um rei que nunca tínhamos visto.

Depois, fomos rudes. Apegamo-nos de tal modo ao que havíamos aprendido e conquistado, que qualquer mudança poderia conter uma ameaça. Defendemos-nos, e àquilo em que acreditávamos, repelindo violentamente o convite do Pai.

O Pai, na aplicação justa das suas leis, segundo a parábola, mandou queimar a sua cidade, símbolo do conhecimento e do poder que tinham adquirido. Eles, naturalmente, morreram — isto é, nós morremos.

E retornamos agora, quando tudo aquilo em que acreditávamos se foi, pela sua própria natureza transitória. E quando nossos conhecimentos e riquezas se provaram inúteis, ficamos desamparados, e nos perdemos. Por isso, estávamos nas ruas, sem o abrigo da fé.

E o rei, compassivo, o que faz? Amorosamente nos convida ao seu festim. E como nada mais nos restasse em que acreditar, acreditamos nas promessas do convite, e atendemos ao chamado dos mensageiros, e aqui estamos.

O quanto acreditamos neste Reino? Mais... ou menos. Muitos acreditaram nesse Reino a ponto de transformar suas próprias vidas. E é essa a máxima realização da fé, num indivíduo: a transformação da própria vida. Portanto, se você olha para si e vê que a sua fé o transformou, o salvou de cometer erros e injustiças, libertou-o do domínio da mentira, tornou-o um ser capaz do perdão e da misericórdia, fique contente em saber que a fé está operando em você da melhor forma de que é capaz, neste momento.

Família

— Venho tentando mergulhar mais fundo nesse conceito de família espiritual — disse Gaia. — Não sei se consigo compreendê-lo na sua verdadeira extensão. Por que devemos nos tratar como se fôssemos uma mesma família? Nem sempre consigo identificar, no outro, alguém com que partilhe laços tão estreitos...

— É verdade, Professor — elevou-se a voz de Critias. — Não posso dizer "meu irmão" a alguém que não sinto como tal. Seria falsidade.

— Verdadeiramente, os laços espirituais são laços de afeição, de simpatia e de comunhão de pensamentos. Diferentes do sangue, que herdamos dentro da família carnal, os laços espirituais nascem no próprio sentimento, e nele se estendem aos outros. As razões de serem mais ou menos fortes, mais ou menos extensos, repousam exclusivamente nas nossas disposições interiores. É comum nos sentirmos estranhos dentro de nossa família carnal e, se nossa compreensão de família, baseada na experiência, não passar daí, será difícil compreender as bases da família espiritual. O que é família, meus amigos?

— Um grupo de indivíduos ligados entre si — respondeu Parmênides.

— Conceito excessivamente abrangente. Os espíritos podem ligar-se por vários motivos: por interesses comuns, por semelhança de propensões, por seus vícios. Mesmo uma emoção como a raiva constitui-se em liame fortíssimo entre espíritos, seja qual for sua situação, se encarnados ou desencarnados. Família pressupõe uma ligação duradoura baseada, senão no amor, pelo menos, em sentimentos que são os germes do amor, como a ternura, o carinho, o respeito, a compreensão, o perdão. Família pressupõe a alegria de estar juntos, o prazer de conviver e compartilhar, não se podendo denominar vínculos familiares aqueles que se apresentam difíceis e dolorosos, pelo menos, não, do ponto de vista da família espiritual.

— Como reconhecerei minha família espiritual? — Perguntou Ileana.

— Os espíritos de mesma família reconhecem-se por suas próprias emanações fluídicas, seu regozijo é estarem juntos, compartilharem seus pensamentos e sentimentos. A comunicação entre eles acontece com espantosa facilidade, o que nem sempre é um fato, nas famílias consanguíneas, onde alguns encarnados mal se falam ou conseguem repartir um mesmo teto. Observem novamente que, para compreender o verdadeiro significado da família, é preciso deixar de lado alguns preconceitos relativos à família terrena. No entanto, este é o preço de atingirmos um melhor entendimento,e um melhor sentimento de família, que é o que o Criador nos pede.

— Como, assim?!...

— O que lhe parece, Gaia?

— O Criador deseja que aprimoremos o sentimento de família?...

— O Criador: como nós o chamamos, por orientação do Cristo? — inquiriu Arquimedes.

— De Pai.

— Sim. Pai. E onde está o Pai, senão dentro de uma família? Você pode separar a ideia de Pai da ideia de família? Não se fez no Universo uma grande família, cuja tendência natural é estreitarem--se os laços por força do amor? E onde está o traço de união entre esta parentela espiritual, senão na afeição, na caridade, no serviço coletivo da manutenção da ordem das coisas, na felicidade de estarem juntos, na segurança de se sentirem protegidos e amados quando unidos?

— Mas, não me sinto assim... bem, ao menos não em relação a todas as criaturas — reconheceu Crítias.

— E estaria porventura no topo de sua escalada evolutiva?

— Certamente, não.

— Por isso, não se sente em união e comunhão fraterna tão ampla e profunda com todos. É, porém, natural, que nossas afeições se estendam à medida que vamos vivendo, e que transformemos sentimentos de desagregação em desejo de aproximação, e que alarguemos nossa capacidade de amar conforme alargamos nossa capacidade de enxergar as coisas tais quais são. De enxergarmo-nos tais quais somos. E, vejam: que somos? Já mencionamos isso, em outra ocasião...

— Filhos de Deus — acudiu Demétrio, de pronto.

— Participantes da mesma família universal, e herdeiros do Criador — completou Arquimedes.

— Parece tudo tão simples. Mas quando penso em minha família carnal, fica difícil.

— Eis porque a sabedoria divina os trouxe para perto de você. Porque na família universal não deve haver reservas, nem mágoas, nem ofensas, nem antipatias. Você tem a oportunidade de eliminar agora estes empecilhos à paz, e Deus lhe dá de presente esta oportunidade quando põe ao seu lado um desafeto. Se este sentimento lhe atormenta, o Pai não deseja que se atormente mais, por isso lhe diz: perdoa. Compreende. Ampara. O pai propõe: Resolve agora, para que esta dor não o persiga por mais tempo. No entanto, a liberdade de fazê-lo ou não é toda sua, e permanece intocada.

— E se eu não conseguir?

— A paciência de Deus é infinitamente maior que a sua. Você não suportará o tormento interior tanto quanto Ele esperará o seu retorno à razão. Digo razão, porque é muito mais produtivo viver alegre e satisfeito que viver acabrunhado por ódios e resentimentos...

— Se ódios e ressentimentos são contrários à harmonia, por que Deus os permite?

— Porque é dado à consciência experimentar, para escolher sabiamente. Ninguém valorizaria o amor, se desconhecesse as desvantagens do ódio. Deus criou um ser inteligente que atinge a consciência de si mesmo e dEle e que se expressa segundo seu desenvolvimento. Ao expressar o que lhe vai no íntimo, pode encontrar-se com as emoções inferiores, nascidas do egoísmo, e nelas se apegar, por desconhecer ainda o sentimento superior. Afinal as emoções e sentimentos, superiores ou inferiores, boas ou ruins, são forças de que a alma precisa para realizar seus objetivos. Somente com o tempo e o amargor das experiências, aprende a disciplina do amor e da ética, que é unicamente o que diferencia as boas das más ações.

— Porém, seja amando ou odiando, auxiliando ou prejudicando, criamos vínculos com outras consciências em desenvolvimento, e é comum que as reencontremos nas famílias carnais, porque é natural e Deus assim quer: que, no final, somente o amor subsista.

— Pode levar séculos... — comentou Demétrio.

— Pode levar milênios! O que são milênios, se a eternidade se estende sob nossos pés?! Contudo, quanto mais cedo isto ocorrer, menor o sofrimento.

— Ao que me parece, então, o problema é o egoísmo. Por que Deus não o extingue?

— Vocês parecem mesmo dispostos a demolir a ordem natural do Universo! Mas não veem que na própria evolução espiritual, Deus colocou a chave da extinção do egoísmo? Qual é a alma evoluída que o conserva?...

— Não seria mais fácil se ele nunca tivesse existido? — Perguntou Gaia, em meio às indagações calorosas de todos.

— Pedem-me para penetrar as razões de Deus. Não posso conhecê-las em sua totalidade. O egoísmo, porém, é um sentimento humano, em dinâmica transformação.

— Quer dizer que é natural que ele exista?

— Quero dizer que é possível que ele surja, em meio às lides evolutivas do espírito.

— Mas... por quê?

— Porque os caminhos da evolução passam pela aquisição da consciência de si mesmo. A consciência de si mesmo começa com o sentimento do 'eu', a percepção de que se é um ser individual com características únicas, dependente de si mesmo para atingir sua realização. O sentimento do 'eu' necessariamente vem nos distinguir do todo, da coletividade, criando, dentro das limitações do desenvolvimento intelectual e moral, a ilusão da separatividade. A impressão de que se pode trabalhar exclusivamente por si, pensar unicamente nas próprias satisfações, esquecendo-se dos demais. Eis o germe do egoísmo nascente. A atenção às próprias necessidades, em detrimento das necessidades dos semelhantes. A apropriação indébita dos bens da vida. A agressão a qualquer um que represente ameaça ao *status quo* adquirido. E Arquimedes pergunta: se esta é a fonte do egoísmo, como eliminá-lo?

Hesitante, Celes arriscou:

— Eliminando a ilusão da separatividade, que o gerou.

— E como se desfaz uma ilusão? — insistiu Arquimedes.

— No meu entender, com a verdade. Com a instrução nas leis da vida — propôs Demétrio.

— É preciso que o ser humano compreenda mais e melhor o funcionamento do Universo em que lhe é dado viver — completou Gaia. — Somente assim desenvolverá outros sentimentos. Assim como a consciência do 'eu' gerou o sentimento do 'eu', a consciência do todo poderá gerar o sentimento do todo.

— E o sentimento do todo levará às ações visando o todo, assim como o sentimento do 'eu' gerou ações em próprio favor — concluiu Crítias.

— Bravos, meus alunos! Não há alegria tão grande para um professor que ver seus alunos testando suas próprias ideias, porque este é o verdadeiro crescimento intelectual. Não pensem que se desenvolvem intelectualmente assimilando conhecimentos. Desenvolvem-se intelectualmente raciocinando sobre eles e criando novas indagações que conduzem a novas soluções. Obrigado por esta alegria, meus caros! E que os sentimentos consequentes não tardem a aparecer... Pois um professor pode se contentar com o aumento de conhecimentos, mas é forçoso que um educador espere ainda pela melhoria dos sentimentos, para sentir seu trabalho dando frutos. Embora não me qualifique como educador, porque a Educação deve ser uma tarefa destinada àqueles que já melhoraram seus próprios sentimentos o suficiente para perceber as necessidades de que os discípulos melhorem os seus, hoje vocês fizeram com que me sentisse como um.

Carências

— Não tenho como fácil formular minha pergunta. É sobre carências, o porquê de as experimentarmos e como compreendê-las, no conjunto de nossa vida de espírito.

— Carência é uma espécie de necessidade. Uma necessidade aparentemente insolúvel do coração, diante da qual nos sentimos pequenos, impotentes, inúteis, fracos...

— Por que a necessidade nos rodeia, Arquimedes? Se não está em nós, é alguém que nos procura em fome ou urgência de cuidados... Estranhos e conhecidos...

— Todos necessitam de algo, eis nossa condição atual. Todos somos necessitados de alguma sorte. Aquilo que sentimos como necessidade profunda de nossas almas fornece a direção evolutiva de nossos esforços. Pare e sinta: de que você precisa? O que sua alma quer? Quero saúde! — responde um. Quero prosperidade! Quero conhecimento! Quero felicidade! Quero paz! Quero amor! Vamos... sinta... qual destas palavras faz seu coração vibrar? Observe-se.

A consciência do que você necessita pode chegar-lhe num momento como este. E seguir na direção que conduz a satisfazer esta necessidade é evoluir. É sua prioridade de vida, neste momento.

Porém, muitos são os que vivem de camuflar suas necessidades, de negá-las. Se nossas maiores necessidades estão esquecidas, mascaradas, ocultas até para nós mesmos, e se a lei necessita delas para realizar nosso progresso, colocando-nos a caminho, como nos levará a encontrá-las? Permitindo que entremos em contato com nossas próprias necessidades e carências, no contato com as necessidades e carências do outro. Por isso nos procuram os pobres, os doentes, os sem instrução. Por isso nos procuram os confusos, os inseguros, os desanimados. E o que não vemos em nós mesmos, neles, grita! E ao ajudá-los a suprir as suas, suprimos também as nossas.

— Mesmo que não entendamos o porquê de estarmos fazendo?...

— Acredita você que a evolução depende de que os seres tudo saibam? A evolução É... ela acontece. A evolução dos seres menos conscientes pode incluir o chamado da dor, o sofrimento da ignorância, mas ela É evolução. Tornar consciente o teor da sua necessidade e caminhar conscientemente ao encontro dos meios de supri-la, é um modo de evitar o sofrimento. Não basta estar doente e desejar a cura. É preciso seguir até ela com seu ser integral, num processo que transforma. Um doente necessitado de cura é um ser necessitado de evoluir.

— Mas se uma criança pobre me procura... que posso descobrir sobre mim mesma? Que necessidade posso identificar?

— Que tal, se eu dissesse que é a sua necessidade de expandir ternura? Sua necessidade de sentir-se crescida e forte para levar sua vida? A necessidade de alimento para sua alma? Isso caberia?

— Creio que entendi. Se contenho meus gestos de carinho, é por me sentir desamada. Oferecer a essa criança ternura e atenção é um modo de descobrir estes poderes dentro de mim mesma!

— Porém... a sensação de precisar de algo é tão desagradável... — comentou alguém.

— Ora: por que seria desagradável, se todos somos atendidos? — propôs Arquimedes.

Sensível mudança nas expressões faciais de todos indicou ao professor que as mentes, em fim, se abriam.

— Acreditam que o Criador nos daria a sensação da falta sem nos dar os meios de supri-la? Está tudo aqui mesmo, em abundância! Tudo que temos que fazer é ir buscar. Saúde? Está aqui. Amor? Em toda parte. Beleza? Infinita. Alimento? Brota do chão que pisamos!

— Então... por que não temos? Por que não conseguimos?

— Por quê?... Alguém gostaria de responder?

— Porque recusamos o caminho que nos leva até tudo isso. Porque preferimos rodar, perdidos, em torno do que acreditamos, preferimos ter razão e manter nossas posições diante dos homens, a efetuar mudanças que nos aproximariam de Deus.

— Isso mesmo! A estrada aí está, mas o ser não caminha. Há setas por toda parte, mas ele não quer ver. Chora, padece, chega seu corpo a morrer, sem que sua maior necessidade se torne clara. E não há como atender quem se recusa a ser atendido. À aproximação do necessitado, como reage? Sente-se importunado. "Mas o que esse indivíduo quer, atrapalhar-me nos meus afazeres?" — pergunta, indignado. Como reage? Concentra-se no próprio mal-estar, volta-se para si mesmo. "Como Deus não cuida? Como a sociedade não provê? Por que não vai procurar trabalho? Por que não vai resolver seus problemas, em lugar de chorar ao meu lado? Eu, que aqui estou, cuidando de minha vida..."

Visão apequenada a dos homens! Não veem Deus, provendo a sua necessidade, e a do outro, ao mesmo tempo. Porque existem valores esquecidos, palavras ouvidas e mortas dentro de cada ser humano, que precisam reviver.

A pergunta mais simples a ser feita seria: "Como posso ajudar?" Nesse sentido é que se faz necessário entender o papel da caridade no desenvolvimento do espírito. "Em que posso ser útil?..."

Sinta a aproximação do espírito adoentado e pergunte: Como posso ajudar?, em lugar de dizer: "Por que vem me incomodar?" O que fiz de errado, para sofrer a sua companhia? Talvez, ele só venha pedir o conforto da sua companhia, sentir-se menos só. E você, talvez descubra o prazer de compartilhar, doando um pouco de si. Não seria o de que você necessita, afinal?... Aliás, já se perguntou se é ele que o incomoda, ou se é você que se sente incomodado com sua presença?

Arquimedes não está bravo. Arquimedes não está aqui para repreender crianças com palavras moralistas, para que elas se sintam em falta, mas espera que cresçam e percebam seu poder de agir. Que é aonde chegamos, ao ponto de falar das carências.

— Não entendemos, mestre.

— Estar carente não é sentir-se incapaz de suprir as próprias necessidades? Sentar-se, diminuir-se, enfraquecer-se, colocar-se no lugar de vítima, de injustiçado? O faminto pede comida. O desamado pede amor. A resposta para todos: cresça e descubra seu poder de agir.

— Mas existem aqueles que parecem sadios e fortes, e ainda assim vêm nos pedir coisas... os aproveitadores.

— Precisam crescer. Fazem como crianças que choram na esperança de receber mais um pedaço de bolo. De que necessita ele, realmente? De bolo?... Necessita crescer, parar de agir como criança. Necessita perceber a abundância, e ser grato, para ir ao seu encontro. Por que mendigaria uma fatia de bolo aquele que visse diante de si bolos de todos os sabores, cores e tamanhos?... Muito bem: e como podemos ajudar?

— Fazendo-o ver a grandeza e sentir-se grande e capaz; de algum modo, fazendo-o experimentar o prazer da responsabilidade e da autonomia, como se faz com as crianças. Mas é mais fácil aliviar a consciência, entregando a ele uma moeda... é o que geralmente se faz...

— E a sociedade colhe o que plantou. Ignorando a criatura que bate à porta, que estende a mão, dentro do mal-estar gerado pela visão da indigência, a sociedade reage como os indivíduos. Sente-se incomodada. Mas o escândalo aí está: bate à porta, estende-lhe a mão, por séculos... A sociedade é que precisa voltar seus olhos para ele, ou continuará presente, até que não seja mais necessário.

— Quer dizer que a sociedade precisa dos pobres?

— Quero dizer que os pobres, além de estarem trilhando um caminho evolutivo individual segundo a sua necessidade presente, também têm uma função na sociedade humana. Eis a perfeição das leis divinas. A pobreza não é um problema da sociedade humana, é um sintoma de sua enfermidade. Quanto cada um de nós participa da manutenção da enfermidade ou já trabalha para sua cura? É um ponto de reflexão.

— Mas e os que se mostram incorrigíveis?

— Podem sê-lo durante este ano, ou esta década, ou esta existência. Serão corrigidos pela vida, pela convivência, pelo acesso ao conhecimento, pela noção do próprio valor, não pela sua ideia pessoal de correção. O certo é que a cura para a para a sociedade, chegará, ao mesmo tempo que a cura para os indivíduos.

— Então nós também temos que buscar esta cura.

— Quase sempre, ela se resume a um dos aspectos da caridade: paciência, dedicação, amabilidade, generosidade, perdão. Todos nós necessitamos disso. Mas é comum que afastemos a cura, por motivos egoístas. Se um espírito necessitado chega até mim e seus fluidos provocam alguma sensação desagradável, pedimos que seja afastado. Se uma criança nos faz uma pergunta, pedimos que volte outra hora. Se um conhecido começa a narrar um problema, pedimos licença e seguimos nosso caminho. Como imaginam poder melhorar?

Simplicidade

"Pois serão chamados filhos de Deus." **Mateus 5:9**

— Professor, o que é ser simples? — perguntou Celes.

— Ser o que é preciso ser.

A classe esperou esclarecimentos que não vieram. Arquimedes, percebendo as expectativas, completou.

— E responder o que é preciso responder.

Os alunos riram, porque viram que o professor, ao mesmo tempo, brincava e lhes dizia a verdade.

— Ser simples é ser só eu? — tornou Celes.

— E o que você é?

— Espírito. Filho de Deus.

— E o que é ser filho de Deus?

— Fazer o que Deus criou-me para fazer. Aprender, amar, servir.

— Então, ser simples é aprender, amar, servir.

— Só isso?

— Mas... não é simplicidade o que você quer?

— ...

— Sente falta da complexidade. Gostaria que me estendesse, detalhasse amiúde todas as atribuições de um filho de Deus. Mas tudo o que eu diria é aquilo que você já sabe, porque já respondeu a si mesma. A partir de agora, eu só poderia tornar tudo mais e mais complicado... Compreendem a essência da simplicidade?

— Ser o que é preciso ser e nada mais — disse Crítias.

— Ser o que me define como criatura de Deus.

— Ser como a Natureza — arriscou Gaia.

— Na Natureza, tudo é simples, não há desperdício. De que precisa uma árvore para ser árvore? De que precisa uma montanha para ser montanha? De que precisa uma flor para ser flor?

— Mas, há muitas flores diferentes?

— Bem... de que precisam as flores para serem flores?

— Cor, beleza, órgãos funcionais.

— E de que precisa a cor para colorir? Variedade. E de que precisa a beleza para ser beleza? Harmonia. De que precisa um órgão para cumprir sua função?... Enfim, ser simples é ser o necessário, mas também o suficiente para cumprir minha finalidade no Universo. Ser flor também é preencher a vida de matizes, revelar Deus.

— Mas, e os corpos humanos... não são complexos?

Na Natureza, tudo é simples, não há desperdício.

— Eles atendem às necessidades dos espíritos que neles estagiam. Porque estes corpos são necessários para que os espíritos exercitem as faculdades que possuem. Veja que nos corpos humanos, tudo tem uma razão de ser. Não há nada desnecessário em sua constituição, o que denota simplicidade.

— E o que é ter uma vida simples? — Perguntou Celes.

— Ter o necessário. Eliminar o que excede nossas reais necessidades — propôs Crítias.

— Gostaria de ouvir exemplos.

— Falar só o que é preciso.

— Fazer só o que é preciso.

— Ter só o que é preciso.

— Mas — objetou Galeno — isso não me torna um individualista? Atendendo só àquilo de que necessito?...

— Muito bem: de que necessito? — indagou o Professor, dirigindo-se ao aluno, mas a resposta veio de Celes.

— Aprender, amar, servir.

Então Gaia começou a falar enquanto pensava...

— Se eu viver sem aprender, amar e servir...

— ... não estarei sendo, sequer, o necessário para me chamar de filho de Deus — concluiu Arquimedes.

Igualdade

— Ainda não compreendi se devemos considerar iguais ou diferentes? — falou Celes a Galeno.

— Entendo que, como filhos de Deus, somos iguais.

— Então, por que somos exortados a aceitar e compreender os diferentes?...

Arquimedes observava seus dois alunos em conversa animada pela ânsia de entendimento.

— Porque é preciso respeitar as características individuais, assim como desejamos ser respeitados em nossa maneira de ser — ponderou o jovem.

— Pois então: somos seres diferentes — insistiu Celes.

— Mas, onde a Lei de Igualdade, então?... — indagou Galeno, procurando o Professor.

Arquimedes sorria e os observava, sem nada dizer.

— Interessante problema, esse a que vocês chegaram. Se os espíritos são iguais ou diferentes. Gostaria de ouvir opiniões da classe.

— São diferentes — respondeu Crítias, prontamente. — Basta olhar, observar, e a diferença salta aos olhos!

— Pois eu diria que são iguais — argumentou Gaia. — Se os espíritos fossem criados diferentes, se Deus desse a alguns certas características que negasse aos outros, onde estaria sua Justiça?

— Pois eu diria que os dois estão certos! — Arrematou Arquimedes, gerando perplexidade. — Os espíritos são tão iguais quanto diferentes. São iguais na essência; diferentes na experiência.

As atenções se voltaram para a explicação que se seguiria, e só a voz de Arquimedes se fez ouvir.

— Somos iguais na essência de que somos feitos, todos destacados do mesmo elemento inteligente universal. Mesmo impulso de progresso, mesmas potencialidades, mesma capacidade de amar, mesma perfeição essencial a se desvendar. Mesmo anseio de felicidade. Mesmo direito à vida e às oportunidades. Porém, tornamo-nos diferentes nas experiências, na trajetória que cada ser desenvolveu, naquilo que fez e que, consequentemente, lhe sucedeu. Tornamo-nos diferentes na forma como resolvemos nossas dificuldades, como enfrentamos os tropeços, como escolhemos dirigir nossos impulsos, realizar nossos anseios, exercitar nossas potencialidades, no jeito que aprendemos a amar e no ponto até onde nos desvendamos. Tornamo-nos diferentes em buscas individuais pela felicidade, e nos meios que aplicamos para atingi-la a partir da vida e das oportunidades. Então, devo perguntar-lhes: que é mais útil observar, igualdades ou diferenças?

— Sinto que a fixação na essência nos aproxima, e que se nos apegamos só à experiência, nos afastamos — expôs Gaia. — Quer dizer: quanto mais eu me apego ao que fiz, ao que conquistei, ao que realizei, à compreensão que adquiri, menos eu consigo ver minha essência e a essência do outro, que nos aproximam na filiação do Criador. Se tomo minha experiência como foco central de minha personalidade, logo começo a observar e a julgar meus irmãos de humanidade com base em minha própria experiência, o que sempre será injusto e levará ao distanciamento.

— Compreendo o que Gaia propõe — disse Galeno. — Que, ao fazer isso, tornamos nossa vivência o padrão de medida do mundo, a medida do bom e do mau, do certo e do errado. Conforme minha experiência, posso dizer que o mundo é feito de gente boa e gente ruim. Os bons são os iguais a mim ou melhores que eu, enquanto os ruins são os piores. Se colocar minha atenção na essência de que somos feitos, tais comparações perdem o significado, porque somos todos filhos de Deus essencialmente, experimentando nossas possibilidades evolutivas e colhendo seus frutos doces ou amargos.

— Inteligente observação de ambos. Poderíamos concluir que a visão da essência dos seres nos aproxima de Deus, porque captar essa essência nos recorda constantemente de sua natureza divina. Nesse sentido, é que não podemos fazer distinção entre os que consideramos bons ou maus, já que todos não essencialmente perfectíveis e estão vivendo suas vidas de acordo com os direitos que a lei divina lhes dá, em sua situação. Algum desses, que são considerados pérfidos ou viciosos, têm menos liberdade de escolha, ou recebem do Pai menos misericórdia?

— Têm todas as opções que conseguem abarcar com sua visão limitada e têm toda misericórdia infinita de Deus.

— E o que podemos concluir? — instigou Arquimedes, satisfeito.

— Que o homem pode trancar-se na experiência pessoal, consequentemente em suas opiniões e juízos, e isolar-se do Universo, ou abri-se para a percepção da essência e abraçar o Universo, abraçar os seres com sentimento real de fraternidade sem julgamentos. — respondeu Crítias, seguro.

— Perceber as diferenças faz parte da aprendizagem. Saber observar além das diferenças é compreensão. Respeitar as diferenças é fruto da sabedoria. Aceitar as diferenças é caminho do amor — resumiu o Professor, e fez-se um silêncio reflexivo.

Mudança

— Não se surpreendam como que lhes disse: a maioria das mudança que desejamos em nossas vidas depende de nossa decisão. E boa parte das ações que conduzem a essas mudanças encontra-se ao nosso alcance.

— Mas não esbarramos, frequentemente nas imposições de nossos pais? — indagou Selene.

— Eu não disse que elas são fáceis ou imediatas. Disse que são factíveis. O quanto de paciência, persistência e determinação elas vão exigir só depende de cada caso, em particular. Se eu desistir antes de atingi-la, talvez considere que não é tão compensatória.

— Professor, não compreendo. Quer dizer que eu posso mudar totalmente minha vida a partir de uma decisão?

— Somente se, à decisão, seguir-se a ação correspondente. Está bem, Acrísio, diga-me algo em que gostaria de mudar.

— Não gosto de ser tão irritável. Qualquer contrariedade me exaspera. Não sei ouvir as pessoas. Gostaria de ser mais paciente e afável.

— Gostaria ou quer?...

— Eu o quero.

— Pois diga isso a si mesmo: “A partir de hoje, serei mais paciente e afável. Saberei escutar as pessoas. Não me permitirei irritar por nenhum motivo.” E depois, aja conforme determinou.

— O Professor faz parecer tão simples!

— É simples. Nada complicado para um homem capaz de cumprir suas próprias decisões. Um pouco mais difícil para os inconstantes, mas não impossível.

Transformação

— Refletir sobre mudanças leva-me a outra questão angustiante, a da transformação.

— A transformação o angustia, Galeno? — provocou Arquimedes.

— Essa necessidade premente de fazer-me melhor perante os desafios de minha própria vida, que sempre se torna clara quando reajo com emoções e atitudes que não criam bem estar para minh'alma.

— Bem... transformação seria, nesse caso, um alívio. Mas a busca pelo alívio traz angústia para você, o que nos faz pensar que, talvez, seu coração ainda não tenha sentido a transformação como possibilidade de bem-estar. Bem-estar é disposição íntima de confiança e aceitação diante da vida. A vida é o fluir natural de todos os movimentos evolutivos. Movimentos planetários, circunvoluções, movimentos de formigas transformando terrenos, movimentos de nuvens e chuvas renovando a atmosfera, movimentos de flores que desabrocham, num inquestionável movimento de transformação de si mesmas. E não como urgência, ou como imposição, mas porque florescer é o próprio sentido de ser flor, como voar é a própria essência de ser borboleta e, muito embora a lagarta possa apenas preparar-se e sonhar para tornar-se o que a Natureza dela espera, ela certamente o será.

Transformação é o próprio sentido de ser inteligência, de ser espírito. É tudo o que faz, desde o princípio de seus dias. E, contudo, você teme. Teme aquilo que a Natureza espera de você?

— Olhando dessa perspectiva, fica muito diferente...

— Mas esta é a perspectiva que conta. A perspectiva do apego quer tudo como está, contudo, não é da natureza do espírito prender-se ao que quer que seja. A perspectiva do desapego permite desfrutar a fluência dos acontecimentos sem angústia. Porque a Natureza conduz tudo a tornar-se o que virá a ser, conforme a vontade de Deus. Inclusive você.

Manter tudo como está pode parecer seguro e desejável, mas a segurança jamais está naquilo que o ser humano pode reter. Por incrível que possa parecer, sua segurança está em soltar-se ao carinho do Criador.

Transformar-se é aumentar sua capacidade de usufruir os bens imortais de que Deus dotou sua alma, os talentos que desconhece. Sabemos tudo isso, nas instâncias mais profundas de nossa consciência, e é por isso que frequentemente, por mais que um estado de coisas possa parecer confortável, permanecer ali indefinidamente torna-se motivo de insatisfação... e de angústia. Embora algo em nós deseje a estabilidade das condições presentes, uma força interna maior nos pede: transformação. E vem a vida atender a esta necessidade, conduzindo situações novas.

— E se eu não estiver preparado?

— Nada lhe é pedido pela vida, que não possa conceder-lhe. O que a Natureza pede a uma flor? A uma cascata? Que pede ela ao vento? Ao céu do dia, nada mais que ser azul. Às abelhas, que polinizem. Será motivo de temor e angústia para a abelha saber como o fará? Se cumprirá sua função? Ela tão somente age, segue seu espírito. A água, só por ser água, já levou luz e calor a quantos lares, ruas, cidades? O átomo, só por ser átomo... quantas possibilidades? Mas os seres humanos parecem ter a ciência de se sentirem incapazes, de não acreditarem em si mesmos. Ligam-se às coisas velhas, conhecidas, e temem o desconhecido, por não saberem que o que mais desconhecem é a si mesmos.

Eis a lição de Sócrates, o legado do espiritismo e de tantas ciências humanas, o chamado para avançarmos no conhecimento do que somos. E é o que sugerimos a Galeno.

— Não sei o que me espera...

— A vida! A vida chama, convida e espera. E você, o que espera daquilo que sabe? Segurança? Se sua segurança deposita-se sobre o que sabe, onde estará ela com respeito às coisas que desconhece, que são muito mais numerosas? Uma abelha sabe tão pouco... Ela não sabe como será seu dia, apenas cumpre o seu dia. A Natureza tem seu cuidado. Viva, pois a vida é segura, ela acontece entre as mãos e sob os olhos de Deus.

"Vinde a mim. Suave é meu jugo." — conclama o Cristo. E tantos ainda caem sob o jugo da própria ignorância do que são e do temor do que virá.

"Vinde a mim, e eu vos aliviarei." Pois, vamos então!, todos os que aceitamos as verdades ensinadas pelo Cristo!

Tamanho & Medida

Palavras finais de Arquimedes

Como se sabe o tamanho de uma pessoa, alguém pode me responder?

Como se mede um barril, um balão? Uma garrafa, uma caixa?

Como se mede um terreno, uma sala? Pelo que nela cabe, talvez. Então, quer dizer que eu posso medir uma alma, um corpo, um objeto de acordo com o que ele pode conter dentro de si. Não posso?

Se a minha alma vê uma estrela, enamora-se daquela estrela e ama aquela estrela, se todas as noites se expande ao céu em busca dessa estrela, de que tamanho é essa alma?

E se essa alma tem condições de abrigar dentro de si todos os seres que ama, com que se importa, de que tamanho é essa alma?

E se essa alma é capaz de entender as direções dos planetas e a diversidade dos povos, de respeitar as diferenças e abrir-se para novas possibilidades, de que tamanho é essa alma?

Se ela possui dentro de si a consciência de Deus, de que tamanho é essa alma?

...

Então, por que nossos problemas são tão grandes, por que nossa obsessão é tão grande? Por que nosso medo é tão grande? Por que vemos obstáculos e dizemos que não podemos ultrapassar? Por que estacionamos diante das dificuldades, assustamo-nos quando alguém fala como se soubesse mais do que nós? Por que olhamos a enfermidade e nos apavoramos?

Pois então: nenhum de nós sabe o tamanho que realmente tem. E este é um exercício que poderia fazer parte das aulas de física, de geografia, mas para nós, tem um sentido muito maior.

De que tamanho você é?

Diante de qual próximo obstáculo você vai estacar e dizer "não vou, é impossível"? Até quando você vai fugir, porque se sente menor e pensa que o maior o vai consumir, engolir, devorar?

No entanto, o que é maior que você, alma peregrina?

Este é um exercício para você não apenas perguntar-se, mas recordar-se, porque todas as almas têm a noção do infinito, todas...

Quando foi que você perdeu a sua?

Quando foi que, em nome de uma série de dificuldades e obstáculos, de cegueiras e condicionamentos, você abriu mão da sua condição de ser infinito e assumiu a finitude e a mortalidade? (Porque às vezes tememos como se fossemos morrer, mas não vamos.)

Onde você perdeu seu legado, herdeiro de Deus? Quando você vai reencontrar?

Esta edição foi impressa, em outubro de 2012, pela Sumago Gráfica Editorial Ltda., de São Paulo, , para a Editora Lachâtre, em formato fechado 140x210 mm e com mancha de 105x175 mm. Os papéis utilizados foram o Chamois Fine Dunas (Ripasa) $80g/m^2$ para o miolo e o cartão Royal (Ripasa) $250g/m^2$ para a capa. O texto principal foi composto em Times New Roman 11,2/13,2 e os títulos em Adobe Garamond Pro 20/30. A programação visual da capa foi elaborada por Fred Aguiar.